爱琴海的光芒

HELLENIC CIVILIZATION

千年古希腊文明
[文化篇]

全景插图版

[美] 乔治·威利斯·博茨福德 著
王雁 译

中国画报出版社·北京

目 录

第1章 希腊历史的源头

001

第2章 米诺恩文明与荷马文明（公元前3000年到公元前750年）

057

第3章 殖 民（公元前750年到公元前479年）

129

第4章 私法与刑法（公元前478年到公元前404年）

149

第5章 医 学（公元前5世纪）

157

目 录

第6章 宗 教（公元前479年到公元前404年）

169

第7章 人物特征、文学批评及艺术（公元前404年到公元前337年）

189

第8章 科学与发明（公元前330年到公元前100年）

225

第1章

希腊历史的源头

The Sources of Hellenic History

●引 言

希腊的史料是指那些对历史学家来说有意义的信息及其衍生物。这些资料不仅包含文学作品及文字材料，还包含后人发现的手工艺品，甚至包含这个国家的自然特征——气候、土壤、物产，以及与其他国家往来的情况。简而言之，这些资料就是决定历史进程的各种因素的汇总。语言便是其中一种极其重要的因素。语言对古希腊人的起源、古希腊人同他国人民的关系、古希腊内部分化出的各种族群（各大方言群）及古希腊人在各种事物上逐渐产生的思考都产生了重要影响。然而，本书将要探讨的仅限于文字资料，与之相关的是文学、刻在石头或青铜上的铭文，以及莎草纸上记录的文献等。近期，很多此类物品都在埃及被发现。

对几十年前的学者来说，他们主要关注的是政治及军事。因此，希腊的历史学家是他们极其重要的信息来源。然而，随着时代的发展，历史这个概念也在不断扩大，现已涵盖了人类的全部状态及活动，囊括了人类身体上、思想上，甚至是情感上的一切。这一扩大的概念不仅包含政治制度、党派斗争及战争，还包含经济、社会、哲学、科学、宗教、诗歌及艺术。这就赋予了抒情诗人和戏剧家同历史学家一样重要的地位。在判断、比较各种事物的重要程度时，人们总有走入极端的危险。抛开经济和政治空谈文化，就如同不考虑地基和框架就进行装修。而本书的选材与编排都是为了将古希腊文明的方方面面阐述清楚。

● 米诺恩时期

关于公元前3000年到公元前1200年的米诺恩时期，我们掌握的所有信息几乎都是通过考古发现的。然而，诸多希腊作家都曾在自己的书中提到过米诺恩时期。他们也坚信希腊的某些制度都诞生于这个时期。本书也会选用这些希腊作家的某些文献，原因将在第二章的引言中阐明。一直以来，学者们都对米诺恩时期的艺术类和宗教类考古发现有着极大的兴趣，而最近的研究则开始关注能够反映当时社会及政治状况的考古遗迹。

● 荷 马

20世纪之前的人们对荷马究竟生活在何时何地依然有着分歧。他们给出的各种证据表明荷马曾经生活在士麦那、希俄斯岛或两地附近。这些地方起初生活着伊奥利亚人，后来又混居着爱奥尼亚人。虽然所有人都赞同荷马生活在特洛伊战争之后的某个时期，但特洛伊战争同荷马的出生年份之间究竟隔了几个世纪则众说纷纭。在《阿波罗颂歌》中，人们对荷马这位双目失明的游吟诗人的想象被最好地表达了出来：

> 来吧。优雅一些，阿波罗。优雅一些，阿耳忒弥斯。别了，所有少女们。即便是在将来，请不要忘了我。若是有任何人问道：
> "所有歌手中谁对你最好？谁的歌最令你高兴？"
> 你们所有人都要异口同声地回答：
> "是那个盲人，他生活在希俄斯岛上。他的歌声中充满着神秘，无论何时。"

这首诗描绘了一个典型的游吟诗人的形象，曾经有一段时间，人们认为所有史诗都出自荷马之手。后来，希罗多德最早开始了史诗的分类工作。希罗多德认为《库普里亚》这首诗的作者同《伊利亚特》和《奥德赛》的作者不是同一个人，因为它们的内容是相互矛盾的。各种批评作品的涌现导致古希腊编年体史诗从其他诗体中分离出来。在希腊化时代，两位所谓的分离派——塞诺恩和赫拉尼库斯甚至认为《伊利亚特》和《奥德赛》两首诗有两位不同的作者。18世纪末，作者弗里德里克·奥古斯特·沃尔夫在他发表的《荷马导论》中声称，根据内容的不一致性及其他瑕疵来判断，两首诗应该都是由多个作者完成的。至此，这种分类筛选的工作才渐渐停息。从18世纪末到19世纪，各国学者都致力于研究这些诗歌的早期和晚期版本，从而建立起了一套诗歌演变的学说。

从始至终，一直都有保守派反对此类研究。从20世纪初期开始，人们又开始倾向于上述史诗作品的作者为同一人，同时也一直有人坚定地认为这些作品属于多个作者。与此同时，我们不能忽略之前做的关于荷马的研究。这些研究对荷马有独到的见解。

对历史系的学生来说，他们最关注的不是这些史诗是否出自一人之手，而是这些史诗究竟有什么历史价值。显然，这些史诗不是纯粹的、真实的历史。人们要做的就是去除虚幻的部分，从而发现残存的真相。我们如果想要了解当时的社会、政治状况及物质文明的发展，首先应摘除与神有关的和一切超自然的内容。我们甚至可以摘除更多，因为荷马描绘的奥林匹斯山上的生活明显是经过美化的宫廷生活。因此，通过对众神的研究，我们可以了解荷马时代的人和社会。阿伽门农、海伦、阿雷特和其他人物都是虚构出来的。即便荷马笔下的人物中有一个是真实存在的，我们也没有标准来判断真假；即便能够判断，我们也无法将人物自身的真与假分离。个体的或集体的活动也是如此。即便对最重大的事件——希腊军队攻陷特洛伊，我们也无法确认其真实性。有一些学者确信希腊军队攻陷特洛伊是真的，而有一些则极力否认。我们都知道特洛伊第六城是被烧毁的，而在特洛伊第六城的废墟之上建立起来的是一座贫穷的村庄。我们也知道几乎同一时间伊奥利亚人将小亚细亚开辟成殖民地。但伊奥利亚人究竟有没有进攻并摧毁特洛伊仍未被证实。伊奥利亚人的迁徙、同原住民的纷争、在小亚细亚的艰难生活和不知被谁毁灭的城邦，这些已足以激发诗人创作出伟大的诗篇。

要摘除某些内容，另一个问题就会随之而来：我们为什么不继续摘除其他东西？为什么没有可能是荷马自己创造了宫殿、男人的盔甲、女人的裙子，以及他提到的各种手工艺品？这并不是没有可能。但事实是，在米诺恩时期，这些东西的确存在。在当今的博物馆中，人们也能看到这些东西的踪影。荷马对这些东西的描述十分真实详尽。我们不得不相信，荷马不是亲眼见过这些东西，就是通过可靠的渠道了解过这些东西。这就产生了两种可能：荷马自己就生活在米诺恩时期，或者描述米诺恩时期物质文明的某些文字或文学作品被一直保存到了荷马生活的年代。

许多原因都促使我们相信荷马生活的年代晚于米诺恩时期。关于这一点，所有学者的观点都是一致的。最大的分歧是：在公元前1200年到公元前700年这段时期，荷马这位伟大的天才究竟生活在哪个具体的时段。这一问题至今仍存在争议，作者能做的仅是表达自己的观点。上文提到人们认为荷马生活在士麦那、希俄斯岛或两地附近。荷马应该生活在希腊人对小亚细亚殖民结束之后的时期。

据我们所知，荷马使用的方言是仅在伊奥利亚和爱奥尼亚使用的方言。很多人都相信荷马代表的文化就是从公元前1000年到公元前700年的爱奥尼亚文化。《荷马的世界》的作者安德鲁·兰强烈反对这一观点。事实上，有充足的研究表明，从公元前1000年到公元前700年的爱奥尼亚文化从本质上讲是衰落的米诺恩文明，而荷马时代的许多观点及用语有明显的印欧语系特征。因此，安德鲁·兰得出的结论是有据可依的。他认为荷马生活的时期是公元前1200年或公元前1100年左右。然而，我们也要注意到，色萨利和之后的爱奥尼亚殖民地使用的语言都属于印欧语系，几乎没有受到小亚细亚文化的影响。这一证据再次表明荷马生活在爱奥尼亚与伊奥利亚的中间地带。

因此，我们可以假设，那些诗歌和描绘克里特生活的其他文学作品慢慢流传到了中世纪，并融入了希腊人的语言。希腊本土及各殖民地的游吟诗人继续歌颂着众神和英雄，并加入了他们自己的风俗和传统观念。其中最伟大的诗人当数生活在公元前9世纪或公元前8世纪的小亚细亚的荷马。荷马利用许多传统的题材创造出了伟大的诗篇。《奥德赛》创作于《伊利亚特》之后，但可能出自同一位天才之手。在荷马之后，有人在一定程度上篡改了他的诗歌。

出于研究历史的目的而分析题材是无法满足所有学者的。许多物质文明显然属于米诺恩文明，考古研究也能得出这一结论，但其他重要的元素晚于米诺恩文明。从政治角度讲，国王和贵族的傲慢自大，以及他们对民众的不屑一顾看起来像是处于米诺恩时期，但政治生活的现实情况更像是荷马生活的时代，从社会角度看也是如此。宗教也是混杂的，不同时期的元素混合在一起。总而言之，需要单独考量荷马生活时代的每个细节。在很多情况下，由于缺少决定性的证据，学者之间很难达成一致。

●编年体史诗、荷马赞美诗及赫西奥德

仅有些许片段被保存下来的编年体史诗，曾经是文学领域的重要组成部分。《神谱》《底比斯》《厄皮戈尼》《库普里亚》《埃提

俄皮斯》《小伊利亚特》等都属于编年体史诗。这些编年体史诗应该成书于公元前8世纪，甚至是更晚的公元前7世纪，要晚于荷马时代。即便是古代人也不知道这些编年体史诗作者的真实姓名。我们只能说这种文学体裁大部分还是属于爱奥尼亚。这些编年体史诗的价值在于它们是阿提卡剧作家的主要灵感来源。比起荷马的诗歌，上述编年体史诗虽然不属于天才之作，但描绘的风俗、传达的观念及使用的语言风格更适合在阿提卡的舞台上展现。尤其值得一提的是，与《奥德赛》和《伊利亚特》描绘的充满阳光的生活相比，米诺恩文明特有的各种神谕、对鬼怪的崇拜、自杀带来的罪过、摧毁整个家族的诅咒，以及宗教的阴暗面都更适合阿提卡悲剧。对历史系的学生来说，重要的一点在于上文提到的编年体史诗的各种特征属于爱奥尼亚及米诺恩统治的其他地区，而不是色萨利和伊奥利亚。事实上，雅典文明更多是通过这些看似不重要的诗发展起来的，而不是仅仅通过荷马的诗。

在节日的聚会上，诗人诵读自己的诗歌之前，通常会先歌颂本次节日祭奠的神。旧时有许多以此名义创作的赞歌。它们流传到今天，被称为"荷马赞美诗"。最早的一首叫《阿波罗颂歌》，可能创作于公元前7世纪。这些赞美诗来自不同的时间和地点，反映了当时诗人及听众的思想，有的描绘了美好的生活片段。

数以百计的游吟诗人以希腊贵族的生活为原型，创造出了关于众神和英雄的诗歌。这些作品描绘了一个歌舞升平、充满丰功伟绩的世界。它们描绘的世界虽然很伟大，但有些片面。塞西特斯和欧迈俄斯这样的社会底层人物也会出现在诗歌中，但他们仅被用来衬托贵族社会。

在赫西奥德的作品里，我们面对的不再是众神和英雄，而是回到了现实。赫西奥德的作品如照片般真实地反映了普通人的平凡生活。赫西奥德的父亲原是小亚细亚库麦人，后因贫穷迁居到彼奥提亚，在塞斯比阿旁的赫里孔山脚下的阿斯克拉村开垦了一片土地。赫西奥德是诗人，同时是牧羊人和农民，饱受自己的弟弟佩耳塞斯的骚扰。正是在这种情况下，赫西奥德创作出了《工作与时日》。《工作与时日》描述了一年四季的变化和人们的辛勤劳作。人们认为赫西奥德生活在公元前7世纪或稍晚一些。赫西奥德的作品反映出他沉稳、爱思考的性格。他创作的《神谱》是希腊世界首次尝试通过族谱和血统来构建天地之间的统一。《列女传》这部作品继续了这种尝试，并融入了希腊主要城邦几大家族的历史传说。赫西奥德的作品中只用过一个精妙的比喻。这充分表明了赫西奥德平实的性格。这些作品也很好地展现了赫西奥德审慎及说教的口吻。赫西奥德的身上有着两面性：一方面，赫西奥德很擅长呈现事实，即便是再渺小和不重要的事物，他也能十分准确地描述出来；另一方面，赫西奥德是一个懂得深刻反思的人。在赫西奥德的作品里，尤其值得一提的是《神谱》中的那个抽象的世界。这位阿斯克拉的诗人知道如何用各种令人眼花缭乱的术语来装饰这个世界。在《工作与时日》和《神谱》中，"女人"这个意象很常见。女人是愤怒的宙斯赠予人类的礼物。潘多拉的故事在《工作与时日》和《神谱》中只是一个片段，但受欢迎的题材总是会作为插曲突然出现在诗中，尤其值得一提的是在说教诗中。如果说有什么不同，那便是《工作与时日》中的潘多拉更加恶毒，因为她将恶魔放进了世界。赫西奥德的道德标准同老加图和本杰明·富兰克林的化身穷理查是相似的——他们大多秉承着节约派的观点。

我们如果比较一下荷马、品达罗斯和埃斯库罗斯的作品，会发现他们的作品选题越来越宽广、崇高，升华了生命及情感。他们的作品成为读者了解希腊世界的一个视角。这些作品对普通事物的忽视是一种特殊情况。对这种片面的唯美主义，赫西奥德的《工作与时日》提供了一种令人敬佩的修正。读者被带入一个为了维持生活需要而辛勤劳作的世界，英雄和壮举消失不见了。在赫西奥德的作品中，"巴塞勒斯"[①]一词仅仅意味着伟大。而审判官被称为"国王"，诗人将审判官描述为"侵吞贿赂的人"。

据我们所知，赫西奥德是第一个试图将过去分为不同阶段的人。赫西奥德认为各个阶段不是发展的，而是持续衰落的。赫西奥德将自己所处的时代称为"黑铁时代"。在黑铁时代之前，由远及近分别是黄金时代、白银时代和青铜时代。这种衰退过程曾经暂停了一段时间——这就是第四纪，即英雄时代。七将攻底比斯[②]和特洛伊战争都发生在英雄时代，但现在这种英雄气概已经荡然无存了。从社会的角度来讲，赫西奥德这个阿斯克拉农民的眼界是狭窄的。但站在道德的角度，他的眼界则是宽阔的。我们如果对物质生活的相关数据有所了解，会发现赫西奥德详细记录了每年发生的事件，农民的各种活计，房屋和家庭，夏天和冬天，

---

① 原意是"国王"。——原注
② 根据希腊神话，为了帮助波吕尼刻斯夺回王位，波吕尼刻斯、阿德拉斯托斯、安菲阿拉奥斯、卡帕奈乌斯、希波墨冬、堤丢斯及帕耳忒诺派俄斯七人率领远征军攻打底比斯。——译者注

炉火旁的妻子和孩子，用人和奴隶，庄稼和酿酒，航海和贸易①。再也找不出另外一部文学作品能使读者如此真实地接触到农村和农民了。

很显然，《工作与时日》中时常出现的谚语和普遍事实不完全出自赫西奥德之手，但它们组成了一个完整的整体。这个整体占据了希腊教育的重要地位，时至今日仍然如此。

●哀歌、抑扬格②及抒情诗人（公元前700年到公元前479年）

从公元前7世纪到希波战争结束的这段时间里，我们现有的资料都与当时的诗人有关。在哀歌、抑扬格及抒情诗方面，留存的资料不过是些诗歌片段。尽管资料留存不多，但我们仍能从中提取出许多有价值的信息，如个人特质、社会、经济、战争、宗教及文化。下文将简要描述本书中诗人的生平及文学作品，帮助我们了解那个动荡起伏的时期和人们复杂多变的情感。这一时期，农业经济转型为手工业经济，城邦和享乐阶层兴起，贸易和殖民活动遍布整个地中海地区。这都为伟大文学作品的诞生提供了土壤。王权的废除，贵族及僭主的崛起，造成了各派系之间激烈的斗争，人民的生活紧张不堪。想要表达这些复杂的情形，庄严肃

---

① 可能仍是物物交换。——原注
② 诗句每行均为十二个音节或十三个音节（最后一个音节非重读）。名字起源于12世纪及13世纪描写亚历山大大帝的诗歌。——译者注

穆的抑扬格六音步诗①是远远不够的。因此，史诗的传统格律逐渐被其他新形式取代，从而更好地展现出新时代个人和社会的思想情感。史诗的第一种变形就是充满感情的五音步哀歌。加上管乐的伴奏，哀歌能引起人们对政治、宗教及战争的思考。

提尔泰奥斯是最早的哀歌诗人之一。公元前7世纪下半叶，在斯巴达，提尔泰奥斯创作了多首与战争有关的哀歌。据说，提尔泰奥斯曾是希腊的教师，后来被要求率领拉栖第梦人②与麦西尼亚人开战。这是无稽之谈。根据当时的情况，将提尔泰奥斯同哀歌的起源地爱奥尼亚联系在一起是更合适的，苏达斯③便是这样做的。但提尔泰奥斯十分可能具有拉科尼亚血统，因为提尔泰奥斯总是把拉栖第梦人称为本地人，并拥有和拉栖第梦人一样的精神。斐洛考鲁斯是来自阿提卡的年代记④编者，曾经写道在提尔泰奥斯的领导下拉栖第梦人战胜了麦西尼亚人。如果这是真的，那么提尔泰奥斯就是战争的指挥官，也就肯定是当地人。除哀歌之外，提尔泰奥斯还曾经创作过一首叫《欧诺弥亚》的诗。在《欧诺弥亚》中，提尔泰奥斯告诫拉栖第梦人要停止政治斗争。人们很难把提尔泰奥斯看作梭伦那种会用哀歌来鼓舞军队士气并宣传自己政治观点的将军及政治家。

---

① 在英语诗中，重读与非重读音节的特殊性组合叫音步。每一诗行有不同的音步，只有一个音步的，称"单音步"；含有两个音步的，叫"双音步"；此外还有"三音步""四音步""五音步""六音步""七音步"和"八音步"。——编者注
② 即斯巴达人。——译者注
③ 古希腊辞书家。——译者注
④ 类似于年鉴。——编者注

与提尔泰奥斯同时代的阿尔克曼同样被认为具有外国血统。阿尔克曼诗歌的内容让古代学者相信他是萨迪斯人。甚至有传言说，阿尔克曼被当作奴隶带到了斯巴达，然后才获得了自由。当代一些学者则认为阿尔克曼是爱奥尼亚人，如其他外国诗人一样受邀来到斯巴达，为斯巴达的发展出谋划策。还有一种传统观点认为阿尔克曼是斯巴达的梅索阿人，因为他死后就被埋葬在梅索阿。而事实上，拉科尼亚文明在到达顶峰后便迅速走上了下坡路。希腊批评家和古文物研究者都不愿意相信斯巴达能够诞生像阿尔克曼和提尔泰奥斯这么伟大的诗人。无论阿尔克曼究竟来自哪里，阿尔克曼自己都完全认同并融入了斯巴达生活。阿尔克曼的诗描写的不是战争和政治，而是寂静的夜晚、舞蹈、海鸟和歌舞队美丽的少女。阿尔克曼的诗展现的是早期斯巴达愉悦文雅的生活。后来，在几个世纪严酷制度的压制下，这种生活已经荡然无存了。阿尔克曼最擅长的诗歌形式是合唱诗歌。合唱诗歌由一群精心打扮的人边跳边演唱。斯巴达的城邦多立克开创先河，将合唱诗歌当作一种公民教育的方式。

对公元前7世纪诗人的回顾从爱琴海海岸的大陆来到爱琴海的小岛。盛产大理石的帕罗斯岛上有一位叫阿尔基洛科斯的本土诗人，他被认为是抑扬格的创造者。抑扬格这种音步被用来表达从爱到恨、轻蔑、抨击的强烈情感。希腊剧作家通常会在对白中使用抑扬格。当时，诗人在创作英雄诗时也会使用。抑扬格很适合讽刺，其创造者阿尔基洛科斯也是写讽刺诗的第一人。阿尔基洛科斯还喜欢一些奇特的组合，比如将庄严的六步格①与用来抨击的抑扬格融合，从而创作出一首风格混杂的诗。阿尔基洛科斯的父亲特勒西科斯是贵族，而母亲则是奴隶。他将当时社会的动荡与斗争全部放到了自己的诗中。阿尔基洛科斯早年加入了萨索斯岛上的殖民队伍。据阿尔基洛科斯自己的描述，队伍里的人是一群恶棍。萨索斯岛盛产黄金，但黄金没有落入阿尔基洛科斯的口袋里。与此同时，阿尔基洛科斯还要同其他殖民者一起对抗萨索斯岛上的野蛮人。在一次战斗中，阿尔基洛科斯曾扔掉了自己的盾牌，这是一种极其可耻的举动。阿尔基洛科斯却在后来的诗歌中大肆吹嘘此事。正如阿尔基洛科斯自己说的那样，他是一个傲慢的人，既看不起敌人也看不起朋友。渐渐地，他在萨索斯待不下去了。也许是害怕回到帕罗斯岛，阿尔基洛科斯开始在各地流浪。阿尔基洛科斯大胆的创造力、每次被打倒后重新聚集的勇气、过人的诗歌天赋和强烈的个性特征使古代学者将他视作诗歌大师，认为他的成就可以与荷马比肩。

关于来自阿莫尔戈斯岛的西蒙尼德斯，即便是古人也知之甚少。因为他也在创作时使用抑扬格，所以其年纪应该比阿尔基洛科斯小，但两人应该处于同一时期。传说阿尔戈斯岛的西蒙尼德斯生于萨摩斯，并且掌管着阿莫尔戈斯岛的一块殖民地。他能引起我们的注意是因为他对女人的讽刺——他将不同类型的女人比作不同的动物。他朴素的思想和风格与赫西奥德很像，但他在诗中对动物的使用使他成了伊索的前辈。阿莫尔戈斯岛的西蒙

---

① 每个诗行各有六个抑扬格和六音步。——编者注

尼德斯与赫西奥德都蔑视女人。他们都将女人视为人类不幸最主要的，甚至是唯一的源头。事实上，这种与荷马的英雄气概背道而驰的观点，不只出现在阿莫尔戈斯岛的西蒙尼德斯和赫西奥德这两位作者身上。

对梭伦的研究使我们把时间从公元前7世纪前推到了公元前6世纪。因为能找到更确凿的历史依据，所以我们面对的人物的性格也比之前提到的人物更加鲜明。亚里士多德的《雅典政制》、普鲁塔克的传记和第欧根尼·拉尔修都记载了梭伦的生平。梭伦继承了提尔泰奥斯的衣钵，创作了至少一首哀歌，但除了现有的八行，其余的都没有流传下来。同提尔泰奥斯一样，梭伦用哀歌来宣传自己的政治主张，劝诫并警示世人。虽然梭伦流传至今的政治诗句不多，但我们能从中总结出梭伦进行社会及法律改革的目的和结果。然而，梭伦的创作不限于一种诗体及上述的主题，他也会创作抑扬格来表达自己对各种社会和道德事件的看法。梭伦让雅典进入了一个新时代。雅典开始有了自由，公民的权利越来越大，开始向移民者敞开大门，开始与爱奥尼亚、埃及等其他国家进行贸易和文化上的往来。世界上最优美的文学之一开始在雅典发展起来。这也是几个世纪之后的人们将梭伦视作"自由政治之父"、最伟大的立法者之一，以及最具智慧的人的原因。

来自科洛丰的米姆奈尔摩斯是梭伦的同时代人，年龄稍长于梭伦。米姆奈尔摩斯一直生活在吕底亚王国的统治阴影中。在一首诗中，米姆奈尔摩斯赞美了一位同吕底亚人斗争、抵抗吕底亚国王盖吉兹的士麦那英雄。这位英雄"将人数众多的吕底亚军队打得七零八落"。米姆奈尔摩斯创作这首哀歌大概是为了鼓励同伴抵抗吕底亚国王萨杜阿铁斯。米姆奈尔摩斯的作品让我们充分了解了爱奥尼亚人的性格特征。对更了解米姆奈尔摩斯诗歌的古人来说，他的作品温柔又哀伤，有着时间短暂、快乐易逝的伤感，缺少坚定、力量与忍耐。这恰恰体现了爱奥尼亚人忧郁的厌世情绪。米姆奈尔摩斯大部分作品选段都通过斯托布斯保存了下来。

上文提到的诗人都是多利安人或爱奥尼亚人。现在，让我们跟随麦西尼的阿尔凯奥斯回到伊奥利亚人的故乡——莱斯沃斯岛。伊奥利亚人也是《荷马史诗》中的重要元素。莱斯沃斯岛上的伊奥利亚人同他们的爱奥尼亚亲戚的社会生活相似。莱斯沃斯岛处于当时希腊文化最发达的地区，和爱奥尼亚一样有着与东方各国贸易往来的优势。莱斯沃斯岛上的人们同爱奥尼亚人一样有教养、有学识，却不像爱奥尼亚人那样有走下坡路的趋势。然而，莱斯沃斯岛上的人们遇到了政治问题。在不断的内讧中，麦西尼的阿尔凯奥斯所属的贵族阶层的实力逐渐削弱，最终政府成了煽动家和僭主统治下的牺牲品。在这样的混乱中，麦西尼的阿尔凯奥斯度过了动荡的一生。他是各种活动的积极参与者，是鼓舞人心的天才，后来却过着孤独的流放生活。他的一些生活细节在他的诗歌中得以体现。他是第一位抒情挽歌大师。他将个人经历唱给朋友听。抒情挽歌是由里拉琴伴奏的，与由管乐伴奏的哀歌有所不同。他的挽歌涵盖了各种主题，包括战争、政治、饮酒、爱情和自然之美。他只有几首作品被完全留存下来，剩下的都是一些小片段，但足以让人们领略到他的天赋及其家乡莱斯沃斯岛的风采。

在整个人类历史上，公元前6世纪和公元前5世纪早期是属于女性的伟大时代。杰出的女性代表在艺术领域和学术领域都到达了顶尖的高度。在拉科尼亚，女性的崇高地位是众所周知的，女性同男性一起接受教育——运动教育而不是学识教育，并且通常会承担起儿子、丈夫或父亲的道德顾问的角色。在希腊的大部分地方，女性都享有极大的自由及影响力。公元前6世纪和公元前5世纪早期涌现出的大量女诗人——彼奥提亚的米提斯和科琳娜、阿尔戈斯的特莉西拉、西锡安的普拉艾西拉和莱斯沃斯岛的萨福，都证明了女性可以拥有很高的学识。

萨福是麦西尼的阿尔凯奥斯的同辈和朋友。两人都生活在公元前6世纪初期。对萨福这位女诗人我们知之甚少。传说萨福曾因政治而被驱逐，随后又被召回。在米蒂利尼，人们对萨福崇拜之至，甚至把她的头像印在钱币上。在希腊，没有地方会像莱斯沃斯岛一样给予女性如此大的自由以培养她们对音乐及诗歌的品位。萨福充分利用了这种自由，结识了一群优秀、漂亮的女孩。她们共同创作诗歌。萨福的许多作品都提及了这些女孩的陪伴，她们的社会关系、离别、婚姻，以及与天各一方的朋友之间的心灵感应。萨福同样会关注其他主题：她在埃及挥霍无度的哥哥、克里特女人的合唱、星星与月亮及果园的景象。尽管主题不同，但她的灵感都来自爱和美好。

来自爱奥尼亚城邦忒欧斯的阿那克里翁晚于萨福，生活在公元前6世纪晚期。但在某种程度上，阿那克里翁诗歌中的情欲色彩将他同莱斯沃斯岛的诗人[①]联系在了一起。公元前545年，居

[①] 即萨福。——译者注

鲁士大帝的将领哈帕古斯对阿那克里翁的家乡忒欧斯发动了进攻。阿那克里翁同其他人一起逃到了位于色雷斯海岸的忒欧斯的殖民地——阿布戴拉。这一事件也被阿那克里翁写入自己的诗歌。公元前533年到公元前522年，僭主波利克拉特斯统治萨摩斯期间，阿那克里翁在王宫负责娱乐活动。后来希帕恰斯邀请阿那克里翁来希腊。在希腊，阿那克里翁结识了许多杰出的或即将因希波战争而出名的希腊人。据说，后来阿那克里翁曾经拜访过色萨利有名望的家族——阿雷乌阿斯家族。亚历山大的学者们曾经拥有阿那克里翁的四种作品，包括哀歌、讽刺短诗、抑扬格和抒情诗。然而，仅有两首完整诗歌和若干片段流传下来。在阿那克里翁生活的年代，爱奥尼亚充满了智慧的力量，希腊哲学、科学、地理学和历史学都诞生了。但在任何一个高度发达的文明中，放荡和罪恶也无处不在。阿那克里翁的愿望是展现这个时代的颓势。

与阿那克里翁生活在同一时代的塞奥格尼斯是迈加拉①的一名贵族。塞奥格尼斯的某些作品描绘了波斯即将发动侵略、东方世界笼罩在黑暗中的情景。由此，我们判断塞奥格尼斯生活在公元前6世纪下半叶。塞奥格尼斯的大半生都在底比斯和西西里岛流亡。西西里岛的迈加拉亥布拉是迈加拉的殖民地。要想和英国学者约翰·胡卡姆·弗里尔那样试图根据塞奥格尼斯的作品来详细复原塞奥格尼斯的生活和活动是很难的。约翰·胡卡姆·弗里尔的作品是伟大的。但沃伦·G.伯格提出了许多质疑，认为约

---

① 位于阿提卡和科林斯之间的多利安联邦。——原注

翰·胡卡姆·弗里尔的许多假设站不住脚。

在流亡期间,塞奥格尼斯这位迈加拉诗人曾经去过斯巴达和埃维亚,受到了当地人热情的款待。但正如塞奥格尼斯所说,没有什么能够减少他对祖国和家乡的思念之情。塞奥格尼斯的大部分哀歌都是为了给某个社交场合助兴而创作的。朗诵哀歌时依然有管乐伴奏。塞奥格尼斯的诗歌中蕴含的普遍真理和生活智慧使他的诗歌在古希腊人中广泛流传。在塞奥格尼斯残存的诗歌中,大部分都具有教育意义。其中的一些片段展现了塞奥格尼斯骄傲、固执的一面。塞奥格尼斯认为自己所处的阶级能在政治及社会领域取得统治地位是不言自明的法则,甚至是十分自然的事。在塞奥格尼斯看来,贵族都是出色的、了不起的,而普通人都是粗鄙的、冥顽不灵的。

塞奥格尼斯的一生经历了古老的贵族政治和希腊人捍卫独立的大规模战争。而克沃斯的西莫尼季斯生活的时代则横跨了裴西斯特拉蒂达时代和塞米斯托克利时代。同一位诗人经历了最后一位雅典僭主和雅典海军创造者的统治,这种情况十分不寻常。

与阿那克里翁一样,克沃斯的西莫尼季斯在僭主、贵族及王室的民主主义者的召唤下游走于各个地方,随时准备好为出手大方的人创作。克沃斯的西莫尼季斯曾经出现在希庇亚斯的王宫中,出现在希庇亚斯位于色萨利的贵族宫殿中。然后,在马拉松战役结束后,克沃斯的西莫尼季斯再次出现在雅典,并在雅典的一场诗歌比赛中战胜了埃斯库罗斯。再后来,希罗一世[1]邀请克

---

[1] 公元前478年到公元前467年的锡拉库萨僭主。——译者注

沃斯的西莫尼季斯来西西里岛。在西西里岛,克沃斯的西莫尼季斯与品达罗斯在诗歌方面较量。他在西西里岛度过了余生,他的坟墓就位于锡拉库萨城门前面。

在某种程度上,克沃斯的西莫尼季斯艺术上的成功体现了一种希腊精神——通过文学这座纪念碑来表达对不朽的渴望。而克沃斯的西莫尼季斯的铭文创作能力正是众多的贵族、僭主、有钱人,甚至是城邦,如塞米斯托克利时期的雅典所需要的。克沃斯的西莫尼季斯流传最久的诗歌都具有上述特点。这些诗歌具有纪念意义,为当时伟大的人和事树立起不朽的丰碑。克沃斯的西莫尼季斯是那个年代的佼佼者,懂得那个年代特有的人情世故。亚历山大的批评家们研究了克沃斯的西莫尼季斯的纪念诗,并将它们永久地保存了下来。除了纪念诗,克沃斯的西莫尼季斯还创作了合唱诗歌、赞美诗、圣诗、给胜利者的颂歌、酒神赞歌、悲曲等,用于各种宗教场合或世俗场合,其作品基本涵盖了当时所有的诗歌形式。

●希腊散文作家与希罗多德

公元前6世纪希腊科学诞生了。荷马的史诗和赫西奥德的神谱诗也占据了公元前6世纪希腊历史的一部分。公元前6世纪,文人还没有记录当时发生的各种事情。因此,不同于远古时期就有历史纪录的东方,公元前6世纪的希腊还没有出现年代纪录。然而,科学精神的觉醒让希腊人开始探寻物质世界的起源,探寻人类、种族、城邦及家族的历史起源。一群作家由此诞生了。这些作家同当代的"哲学家"有着某种程度的相通之处。他们都致力于研究上述问题，被称为"散文作家"，与诗歌创作者有一定区别。据说，米利都的卡德摩斯是最早的散文作家，同时是《爱奥尼亚的殖民》一书的作者。卡德摩斯是真实存在的，但他的著作未保存下来。阿尔戈斯的阿修西劳斯生活在公元前5世纪。阿修西劳斯的作品是最早的有片段被保存下来的作品。阿修西劳斯创作的《谱系》延续了赫西奥德神谱诗的风格。阿修西劳斯保存下来的作品的片段都来自后世作者的引用。我们从这些残存的片段中可以得知，阿修西劳斯的作品主题局限于众神、自然和人类的起源，并没有涉及历史的各个时期。这无疑就是所有早期书写符号的本质。无论从哪个方面讲，这些书写符号都不能被定义为历史。然而，从诗歌到散文的转变使文学作品中减少了虚构的内容，增加了系统性和条理性。

米利都的赫克特斯与阿修西劳斯是同时代人，年龄小于阿修西劳斯。米利都的赫克特斯是《大地环游记》这本地理著作的作者。由于经商和殖民等原因，爱奥尼亚人的脚步遍布整个地中海及其附属海域。这为他提供了创作《大地环游记》需要的背景材料。如果穆勒收集到的文章片段的确来自《大地环游记》，那么《大地环游记》一定算得上是当时的伟大成就了。由于证据不充分，文章片段是否属于《大地环游记》颇受质疑。米利都的赫克特斯写的《谱系》与前辈的差异在于他大量描绘了各个历史时期。现存的各种文章片段证明米利都的赫克特斯的身上有着批判精神的萌芽。毋庸置疑，希罗多德借鉴了米利都的赫克特斯的许多作品。尽管米利都的赫克特斯被埋没在众多散文作家之中，但他堪称"最早的历史学家"。

从米利都的赫克特斯到希罗多德,作者们的批判能力和论述的精确性并没有太多改善,但作者们的文学素养提升了,胸怀变宽广了,性格也更加友善了。显然,对米利都的赫克特斯接受的某些事情,希罗多德是持怀疑态度的。与米利都的赫克特斯相比,希罗多德的历史精神有着长足的进步。

希罗多德生于哈利卡纳苏斯。哈利卡纳苏斯是多利安的一个城邦。后来,由于深受爱奥尼亚影响,它甚至把爱奥尼亚语当作官方语言。这就是希罗多德在《历史》一书中使用自己的母语——爱奥尼亚语的原因。希罗多德生于公元前484年左右,死于公元前425年,经历了伯罗奔尼撒战争的前几年。他早年经历了反对卡里亚人僭主哈利卡纳苏斯的吕戈达米斯二世[①]的斗争。在这场斗争中,希罗多德的舅舅或表哥——颇有名望的诗人帕尼亚西斯惨遭杀害。希罗多德从而开始了流亡的生活。希罗多德的阅历帮助他创作出伟大的作品。想要明确希罗多德是因为要探究历史才选择旅行还是因为旅行才成了历史学家这个问题,既麻烦又没有必要。但毋庸置疑,这两方面的兴趣刺激着彼此的发展。希罗多德通过自己的各种经历获得了地理学和民族学方面的知识,这也是他进行文学创作的首要因素。希罗多德曾经去过埃及,沿着尼罗河一直到达了埃利潘蒂尼岛。希罗多德曾经到过昔兰尼和腓尼基,也游历了波斯帝国,最远到过苏萨城。希罗多德结识了黑海沿岸的居民,包括黑海北岸的各个希腊人聚居区。有

[①] 公元前460年至公元前454年的卡里亚人僭主。——译者注

一段时间，希罗多德成为图里的公民。图里位于意大利南部，是伯利克里的殖民地。人们曾经试图将希罗多德的经历和作品按照年代排序，并取得了部分成功。

希罗多德在作品的前言中表达了自己进行文学创作的目的："本书展示了我——希罗多德，对历史的探索：时间不能磨灭希腊人和异邦人的伟大事迹，尤其不能忘记彼此陷入战争的原因。"根据我们目前掌握的资料，希罗多德是第一个在文学中使用Historia，即"历史"一词的人。希罗多德探究的不是通常意义上的因果关系，而是战争双方通过一次次事件累积的怨恨。为了追踪这些事件，希罗多德从自己能掌握的最早的时间写起，记录下了战争中不同人们的英勇成就。因此，希罗多德的作品可以被称作世界史，而贯穿在其中的一个根本元素就是冲突。

一个短语——"带有探索意味的历史"——恰当地体现了希罗多德搜集信息的方法。的确，希罗多德从书中搜集了一部分材料，但他的知识大部分来自他对知情人士的访问。希罗多德不满足于从一类受访人或一个地方获取信息。因此，他走访了不同的地方，询问各类人。希罗多德通过对比问询的方法来筛选写作的材料。在《历史》一书的写作中，希罗多德认为尽管有的内容不一定是事实，但需要将自己知道的都告诉大家。"我有义务将我听说的告诉大家，虽然我不能选择完全相信。这句话对《历史》中的所有故事都适用。"我们会发现希罗多德比较了较可靠的叙述和不太可靠的叙述，从而对一些故事提出质疑。

希罗多德最可贵的特质之一就是他的眼界很广。这使希罗多德能够同异邦人产生共鸣，让他在异邦发现了优良传统、优秀的人和令人钦佩的品格。这种可贵的特质让希罗多德超越了民族、城邦及党派的偏见，使他成为一名世界的历史学家。然而，缺少完备的批评方法使希罗多德囿于已有的史料。希罗多德被当时已是世界知识圣地的雅典深深吸引，其观点充斥着强烈的雅典色彩，有着雅典人在伯罗奔尼撒战争开始后的偏见。这种偏见影响了希罗多德书中有关雅典和伯罗奔尼撒历史的许多细节。为希罗多德提供希腊内部事物信息的人都与伯利克里属于同一阶级。这就是阿尔克迈翁家族的敌人在希罗多德的书中得不到好名声的原因。例如，希罗多德对雅典的突出贡献者、杰出的政治家塞米斯托克利的评价就是不公正的。但这个错误不仅是希罗多德一人的。事实上，历史上没有哪个历史学家比希罗多德更加公正。

　　希罗多德不会轻易相信宗教方面的故事，但他接受当时正统教派的进步观念。尽管希罗多德与埃斯库罗斯相差几十岁，但他们对人的生命和自尊的看法是基本相同的。在希罗多德潺潺流水般的叙述下，流淌着忧郁的、敬畏的暗流。那是众神的愤怒与忌妒。最富有的人克罗伊斯、萨摩斯的僭主波利克拉特斯，或者科林斯的暴君皮利安德的骄傲和死亡只不过是成功与惩罚的反复。而人类的耻辱则在薛西斯一世的身上得到了最充分的体现。薛西斯一世的参谋波斯的阿塔班坚守着与希罗多德相同的信条。波斯的阿塔班身上闪烁着埃斯库罗斯智慧的光芒："你看到神用雷电击打着那些体型庞大的野兽，对小的野兽却置之不理。你还看到，高耸的建筑物和大树被毁灭了，因为上帝喜欢把那些长得太高的物体截断。这就是一支庞大的军队也可能被一支弱小的军队摧毁的原因。上帝充满忌妒的打击，就这样将长得太高的物体毁灭了。因为上帝只允许自己进行伟大的思考。"

●赫拉尼库斯和修昔底德

米蒂利尼的赫拉尼库斯经历了伯罗奔尼撒战争的结束，也接替了希罗多德在文学上的位置。然而，从精神和方法的层面上来说，赫拉尼库斯更接近散文作家。赫拉尼库斯的主要兴趣是神话和谱系学。赫拉尼库斯致力于更深入、更系统地研究谱系。赫拉尼库斯似乎将阿尔戈斯赫拉女神殿女祭司的名单当作研究的基础。这个名单始于公元前13世纪，到赫拉尼库斯的时代仍在继续。名单包含了历任女祭司在位的时间。显然，从公元前13世纪开始的五个世纪的内容都是虚构的，但我们不清楚在哪一任女祭司之后发生了改变。赫拉尼库斯的一部分工作就是将其他城邦的早期年表同阿尔戈斯年表融合、统一。在赫拉尼库斯创作的《阿提丝史》中，他在已有的国王名单中加上了新的名字，使雅典历史同阿尔戈斯历史同步。我们可以推断，涉及其他城邦的时候，赫拉尼库斯使用的方法是类似的。赫拉尼库斯的作品几乎包括了希腊所有城邦，而其他重要的城邦在他的一些作品中有所体现。后世作家接受的希腊早期年代纪大部分都是赫拉尼库斯的作品。赫拉尼库斯的作品中记录的公元前750年之前的内容几乎完全是虚构的，神话、编造和似是而非的传统混杂在一起。他将主要精力放在远古遗迹上，而对近期的遗迹则很少提及。《阿提丝史》一书只写到伯罗奔尼撒战争结束。

我们虽然仅能接触到赫拉尼库斯众多作品中的一小部分，但很幸运地可以掌握修昔底德的全部作品。修昔底德被公认为最伟大的古代历史学家。我们不知道修昔底德生于何时。修昔底德曾说过，在伯罗奔尼撒战争开始的时候，自己正处于权力的鼎盛时期。我们可以推断修昔底德当时应该是三十岁左右。修昔底德应该在伯罗奔尼撒战争结束后不久就去世了，因为他的《伯罗奔尼撒战争史》还没有完成。人们常将修昔底德同希腊的将军、政治家西蒙联系在一起。修昔底德很有可能是色雷斯首领欧洛鲁斯的后裔。显然，这些关联使修昔底德对色雷斯的斯卡普特-海勒金矿产生了兴趣。公元前424年，出身显赫的修昔底德被选为将军。败于布拉西达斯率领的拉栖第梦人使修昔底德不得不开始长达二十年的流亡生活（公元前424到公元前404年）。修昔底德究竟是流亡，还是因担心受到谴责而躲起来，我们无从得知。无论如何，流亡使这位琐事缠身的富家子弟获得了一段闲暇时光。修昔底德将流亡的时间全部用在搜集伯罗奔尼撒战争的信息上。早在公元前431年，伯罗奔尼撒战争尚在萌芽、还未真正打响之前，修昔底德就计划记录这段历史。在整个希腊世界都没有一个人能够对希腊的事情如此了如指掌，甚至希罗多德都做不到。长时间流亡给了修昔底德充足的准备时间。因此，修昔底德尽量多地收集了关于伯罗奔尼撒战争的信息。

修昔底德在《伯罗奔尼撒战争史》的前言中介绍了伯罗奔尼撒战争开始前一段时间的事情。这部分尽管简短，却有着极高的价值，不仅因为《伯罗奔尼撒战争史》前言中包含的史实，还因为前言阐述了作者使用的写作方法。"伯罗奔尼撒战争之前的故事，由于时间久远，无法准确辨别其真实性"。这使我们不得不对希腊早期的历史记录抱有怀疑的态度。如果连修昔底德都对希波战争和公元前480年到公元前431年这段时间发生的事情，如多利安人的迁徙的真实性，没有准确的把握，我们就更不能全盘接受比这更久远的故事了。修昔底德认为，我们很难了解过去的一部分原因在于原始资料。修昔底德认为特洛伊战争是真实存在的，因为有荷马这个权威人物。"荷马是一个诗人。因此，他写的东西有被夸大的可能。"另一部分原因在于我们对口述传统的依赖。"人们喜欢不加辨别地全盘接受关于本国或他国的古老传统。"甚至关于修昔底德出生前一百年的事情和那些对修昔底德的族人有着深远意义的事情，在他的族人中都存在荒唐的误解。尽管各种不确定因素存在，但修昔底德还是梳理了伯罗奔尼撒战争开始之前的政治发展和文明进步的脉络。"如果能考虑上述提及的种种限制，那么得出的结论应该也不会太离谱。我们不能被诗人的夸大其词和散文作家的各种故事误导，因为他们追求的是吸引眼球，而不是表达事实。我们也无法验证他们说的话，大多数事实随着时间的推移都演变成了遗闻逸事。因此，我们必须满足于根据最明显的证据能得出的结论。"

修昔底德试图从留存下来的风俗和条件中重新构建早期的希腊。在修昔底德生活的时期，一些部落依旧保持着原始的状态。修昔底德推断所有古希腊人曾经都过着同这些部落一样的生活。这一结论也能够通过古代诗人的作品得到确认。修昔底德还利用考古学研究了原始岛民的坟墓。伯罗奔尼撒战争结束后，雅典人登上了提洛岛，研究了提洛岛上的坟墓，从坟墓配备和埋葬方式判断，一半以上坟墓的主人都是卡里亚人。然而，修昔底德没有证明坟墓的主人是卡里亚人的证据。修昔底德只能证明这些坟墓的主人有着与当时卡里亚人相同的文明特征。修昔底德使用的方法——从流传下来的风俗进行推论、从考古遗迹中进行推论，以及充分考虑前人的错误和夸张叙述——都被现代历史学家拿来借鉴。

修昔底德之前的历史学家都将自己局限于希波战争之前的那段时间，或是局限于希波战争本身。从希波战争到伯罗奔尼撒战争之间的这段时间，只有一个人没有忽视。这个人就是赫拉尼库斯。然而，赫拉尼库斯在他关于阿提卡的编年史中只是简短地提及希波战争到伯罗奔尼撒战争之间的这段时间，年表中的内容也是不正确的。修昔底德采用了一种在他看来更好的年代排序体系。"我会找人估计正确的时间段，而不是依赖写有执政官或其他官员的名册。因为执政官或其他官员的名字会被用在不同城邦记录的过去的某些事件，而这种方法无法记录一件事情发生的具体时间。但如果通过夏天和冬天来计数，把每个夏天和每个冬天算作半年，我们会发现伯罗奔尼撒战争的第一阶段共耗时十个夏天和十个冬天。"修昔底德十分赞同通过自然年，而不是通过各城邦混乱的日历年来计算时间。然而，这样做无法突出各个时代的重要性。

产生这一缺点的主要原因是修昔底德将关注点放在了当下。修昔底德认为当下才是最重要的。"之前的战争或其他什么都算不上伟大。""从前最伟大的战争就是希波战争。然而，这场战争经过两场海战、两场陆战才分出胜负。伯罗奔尼撒战争则是一场旷日持久的战争，伴随着前所未有的各种灾难。从未有过如此多的城邦被攻陷、被屠城——有的是野蛮人干的，有的是希腊人之间的自相残杀。无论是在战争还是内乱中，从未有过如此频繁的流放和屠杀。发生了比从前记载的更严重的地震和日食。某些地方因为严重干旱而闹起了饥荒，还有导致无数人死亡的瘟疫。"修昔底德对当下的高度评价和对过去的贬低，和智者派①的做法是一致的。在对传授有用知识的渴望方面，修昔底德和诡辩家们也是一致的。希罗多德创作的主要目的是娱乐大众，而修昔底德的目的则是为大众和政治家提供有用的信息。"我的叙述是历史的、严肃的。因此，可能不那么悦耳。但如果那些渴望了解真正历史、总结人类发展规律，从而对未来做出预判的人认为我的写作是有用的，那么我就满足了。我书写的历史是永久的财富，不应该被人看了之后就忘记。"虽然现在人们意识到历史是不会重复的，但毋庸置疑，很好地认识过去会帮助政治家做出更成熟的判断，并充实他对人类发展的认知。因此，这些知识必须是正确的。修昔底德也是这么要求自己的。"关于战争中发生的各种事件，我不敢道听途说，也不敢自己臆测。我记录的不是我的亲身经历，就是我经过仔细问询别人得知的。这项任务是极其费力的，因为同一事件的不同目击者由于记忆的差异和关注点的不同会给出不同的言论。"虽然修昔底德不是毫无错误，但他的作品是公认的拥有超高准确度。

修昔底德的写作主题是十分狭窄的，也就是战争，而不是国

---

① 公元前5世纪在希腊通过演讲等方式进行授课的教师群体的尊称。普罗泰戈拉是第一个自称"智者派"的人。——原注

家的发展。但在这个单一的领域，修昔底德做到了深入、全面。修昔底德凭借非凡的分析能力看穿了政府的精髓和政治派别的灵魂。描写人物的时候，他不会告诉我们这些人的外貌特征及其生活习惯有什么怪癖，只会向我们揭示这些人的思想。在修昔底德的哲学里，个人只占据历史渺小的一部分。一个国家的兴衰历程就好比来回冲击的水流，普通的政客就像水流中的几根稻草，稻草的翻转运动揭示了历史洪流的翻滚和力量之间的相互作用。几个理性和能力兼具的大师级人物足以掌控其统治的民众的命运。这些大师级人物有充满创造性的计划。他们通过让民众臣服于自己的意志来实现这些计划。塞米斯托克利和伯利克里就是他们中的成员。塞米斯托克利和伯利克里有着普适的、永恒的价值观。而像克里昂、西帕波鲁斯这样的政治家则因循守旧。

　　修昔底德的历史记载中有大量的演讲词。通常，无法准确逐字记录这些演讲词。"无论是伯罗奔尼撒战争前还是其间的演讲，想要回忆起准确的内容是极其困难的。因此，我会让演讲的人说出与当时的情境相符的话，使用我认为他们会使用的方法进行表达。与此同时，我会竭尽所能，尝试表达出演讲者的真正意图。"这些演讲词通常被两两分组来表达对立的观点，演讲词的内容很大程度上取决于修昔底德对当时情况的解释。

　　公元前411年，修昔底德的叙述戛然而止。这时，修昔底德似乎停止了写作，转而将精力放到修改之前的作品上——这项工作在他去世之前都未能完成。修昔底德的第五本书和第八本书都缺少标志性的结尾就是证据。

　　铭文可以帮助我们修正已经掌握的文学材料，扩大我们对希腊生活的认知。本书第二章的卅篇就提到了克里特的书写文字。随着米诺恩文明的衰落，书写的艺术似乎也消失了。直到公元前10世纪或公元前9世纪，希腊字母才被发明出来。公元前7世纪，希腊首次从埃及引入莎草纸，书写才开始变得广泛起来。公元前7世纪，现存最早的铭文出现了。公元前6世纪，铭文的数量开始显著增多，到了公元前5世纪已经变得普遍。从公元前5世纪到古代文明结束，铭文都是原始资料的重要组成部分。

●公元前5世纪的诗人

关于公元前480年到公元前404年希腊伟大历史时期的精神内涵，关于这个时期的社会风俗、思潮、宗教、道德、学术上的成就，当时的诗歌能告诉我们的信息比历史学家记载的更多。对品达罗斯的研究让我们了解到全国性比赛的精髓。城邦比赛是最具特点的希腊活动之一。希腊人对各种竞赛的投入产生了巨大的成果。希腊人的聚居地规模小且相对孤立，或者被水环绕，或者受到山的限制。这使希腊人周期性的相聚变得更加重要。希腊人将殖民地扩张到尼罗河河口、塞浦路斯、黑海沿岸、西西里岛、意大利南部、高卢和西班牙海岸。形式、种类越来越多的竞赛几乎成了他们回归希腊城邦生活的唯一方式。各种各样的竞赛与希腊人的传说、宗教、文学、艺术息息相关。在当时的环境下，在高雅性、重要性、发展水平等方面，音乐都可与其他艺术形式比肩。各种竞赛形式多样，举办频繁。除了每座城邦一年一度的节日，还有四大全国性竞赛：奥林匹亚和德尔斐的竞赛每四年举办一次，伊斯米亚和涅墨亚的竞赛每两年举办一次。

来自彼奥提亚的品达罗斯著有《胜利颂》一书。《胜利颂》是体现希腊精神的代表作之一。品达罗斯结识的朋友非富即贵。这些朋友不仅在国家级比赛中竞技，还给品达罗斯这位诗人丰厚的报酬。品达罗斯不仅会写诗，还会作曲、指挥合唱队唱颂歌。因为合唱队的歌者要从获奖者所在地或比赛的所在地挑选，所以品达罗斯有机会到希腊多个地方旅行、居住。品达罗斯与同时代的阿莫尔戈斯岛的西蒙尼德斯之间的竞争十分著名。锡拉库萨的僭主希罗一世对两人来说都是贵人。对现代读者来说，品达罗斯最显著的特征就是在颂歌中大量使用神话传说。其原因在于某些显赫的家族和群体十分重视神话中的传统。他们的血统及种族优越感与这些神话故事息息相关。因此，品达罗斯创作的颂歌的基调是崇高的、庄严的，充满了浓郁的贵族气息。品达罗斯和埃斯库罗斯是同时代的人，两人之间有很多相似之处。本质上，品达罗斯和埃斯库罗斯对传说的处理方式也是相同的。彼奥提亚的诗人会关注神话和现实生活中幸福快乐的一面，而悲剧诗人则更多展现阴郁的一面。从风格上讲，品达罗斯与埃斯库罗斯相似，其作品都是大胆的、新颖的、振奋人心的。品达罗斯的作品中有许多晦涩难懂的暗示。如果没有音乐，没有唱诵，没有各种巧妙的编排，那么品达罗斯仅凭作品内容本身无法获得如此高的成就。

除合唱歌之外，品达罗斯还创作了许多其他形式的诗歌。品达罗斯的作品被来自拜占庭的学者阿里斯托芬收录在十七本书中。哈利卡纳苏斯的狄奥尼修斯认为阿里斯托芬曾对书中的诗句和韵脚进行了编辑、设计。

在宗教、道德和其他领域，品达罗斯的观念对研究希腊历史的人来说有着重要价值。正如我们之前说的，这些观念毫无疑问都是保守的贵族观念。品达罗斯笔下的希腊生活和他的思想更值得仔细研究，因为公元前5世纪的历史充满了各种民主的思想和运动。

上文提到埃斯库罗斯与品达罗斯生活在同一时期。埃斯库罗斯生于公元前525年。公元前490年，波斯人被击退，回到位于马拉松的舰队。这时埃斯库罗斯年富力强，也参加了这场战役。薛西斯一世率军入侵之时，埃斯库罗斯目睹城镇和乡村被弃，波斯人焚烧雅典的圣殿和房屋以报火烧萨迪斯①之仇。这些经历都给了埃斯库罗斯创作的灵感。埃斯库罗斯早年创作的作品类似于现代的康塔塔②和清唱剧③。刚开始只有合唱队歌唱。后来，随着两个演员的加入，埃斯库罗斯的作品才变得更像戏剧。埃斯库罗斯共创作了大约七十部戏剧，还不包括所谓的萨提耳剧。萨提耳剧是用来在三联剧（三场悲剧）演出结束之后改善观众心情的。剧作者会通过萨提耳剧与三联剧一较高下。在青年与中年时期，埃斯库罗斯明显优于其他竞争对手，如弗里尼库和普拉蒂纳斯。公元前500年，埃斯库罗斯首次参加比赛。根据《帕罗斯年表》记载，公元前485年，埃斯库罗斯获得了首个一等奖。埃斯库罗斯一生共获得过十三次一等奖，每次都创作了三部作品，也就是说，共有

---

① 公元前499年，阿里斯塔格拉斯说服雅典人出兵攻打萨迪斯，并把萨迪斯付之一炬，从而导致希波战争的爆发。——译者注
② 带有乐器伴奏的声乐作品，由多个乐章组成，通常包含合唱。——译者注
③ 由管弦乐、合唱及独唱组成的大型音乐作品。——译者注

三十九部悲剧作品获得了桂冠。埃斯库罗斯两次访问西西里岛，第一次似乎是受锡拉库萨的僭主希罗一世的邀请。希罗一世对品达罗斯、阿莫尔戈斯岛的西蒙尼德斯等文人一向出手阔绰。公元前468年，索福克勒斯第一次出现在竞赛中，并打败了经验丰富的埃斯库罗斯。然而，埃斯库罗斯从雅典来到西西里岛并不是因为比赛失利。希罗一世的宫廷和锡拉库萨对戏剧作品的巨大渴求都对埃斯库罗斯有着十足的吸引力。在杰拉，埃斯库罗斯度过了晚年生活。公元前456年，埃斯库罗斯逝世。

与埃斯库罗斯作品中的严肃和高傲相伴的是一种纯真的宗教精神。埃斯库罗斯早年与波斯人战斗的经历让这种宗教精神得到升华。埃斯库罗斯勇敢，思想新颖，具有创造性。在智慧和道德层面上，可以说埃斯库罗斯是后来的阿提卡戏剧家和哲学家的标杆。

上文我们曾提到，索福克勒斯是埃斯库罗斯的一个年轻的对手。索福克勒斯生于公元前496年，卒于公元前406年，几乎经历了整个公元前5世纪。索福克勒斯尽管从埃斯库罗斯身上学到了很多，但显然属于一个新的时代。埃斯库罗斯描绘的是战争英雄的大志和壮举，索福克勒斯传递的则是伯利克里时代沉着和理智的精神。索福克勒斯的父亲是一位制作刀剑的匠人。因此，在伯罗奔尼撒战争期间，虽然大部分雅典人都变得贫困潦倒，但索福克勒斯家的生活并没有受到影响。在索福克勒斯的戏剧中，他优越的生活环境和良好的性格都得到了体现。对宗教和生活的各种问题，索福克勒斯喜欢用温和的方式寻求解决方案。索福克勒斯不喜欢诡辩，十分保守。在宗教上，索福克勒斯同希罗多德一样是正统教派的支持者。索福克勒斯拥有无与伦比的智慧与道德，同时也是一名出色的戏剧大师。无论是在伯利克里时代，还是在随后的保守主义与欧里庇得斯的思想、智者派更新颖的思想敌对的时代，索福克勒斯都是雅典精神的最好阐述者。

欧里庇得斯比索福克勒斯小十六岁，却也于公元前406年逝世。纵观欧里庇得斯一生，他一直与索福克勒斯抗衡。在希腊文化与新兴的现代主义之间，欧里庇得斯完全支持新兴的现代主义。这就是人们比较埃斯库罗斯与索福克勒斯时觉得两人属于不同时代的原因，但当两人与欧里庇得斯比较时，埃斯库罗斯与索福克勒斯又处于同一时代。对欧里庇得斯的生平，我们知之甚少。欧里庇得斯的父亲米纳舍斯似乎是地主，过着普通的生活，没有什么特别之处。欧里庇得斯少年时期接受过竞技训练，据说后来又开始学画。欧里庇得斯对艺术和风景有着十分独到的眼光。他从书中掌握了大量有关科学和哲学的知识。虽然欧里庇得斯的学习没有什么体系，但他对各种各样的哲学问题显示出浓厚的兴趣。欧里庇得斯因为赞同智者派，所以反对传统宗教。在戏剧领域，欧里庇得斯抛弃了前辈使用的艺术方法，用一种现代的方式重塑喜剧。欧里庇得斯对人类的本性有着深入、多元的理解，尤其是对弱者、不幸的人、女人、奴隶、乞丐、残疾人等有着深深的同情。希腊精神的代表人物索福克勒斯仅为希腊人及其仰慕者发声，但欧里庇得斯的人道主义则涵括全人类。

如果要将戏剧文学作为史料的一种，我们则需要考虑以下三点：一是哪些元素是传统的？二是诗人要传递的思想是什么？三是什么是现代思想，什么是惯例？在考虑作者的个人因素时，我们要区别哪些是作者坚定的信念，哪些是针对某一人物产生的思绪或情感。一部戏剧中的人物和其他要素都是对过去的传承，对各种诗歌的延续。戏剧的其他部分则是诗人借助自己的想象和周围的环境创造出来的。除此之外，对戏剧的分析是复杂而又困难的，很难通过任何现有的方法来得出结论。每一部戏剧都需要单独研究，虽然有些东西是无法通过分析得出的，但不可否认的是，三大悲剧诗人[①]的作品让我们了解到希腊历史鼎盛时期希腊人的风俗、思想、情感和性格特征。

悲剧兴盛很久之后，大约公元前465年到公元前460年，阿提卡政府才渐渐认同了喜剧这种风格，并为其配备了合唱队。从某种意义上说，雅典的旧喜剧只是一种个别现象。但雅典的旧喜剧极其重要。在伯利克里民主政治中，通过旧喜剧，完全的言论自由无拘束地发展。约公元前450年，阿里斯托芬出生。在伯利克里去世时，阿里斯托芬还是一个年轻人。若干年后，阿里斯托芬这个天才开始显露出政治讽刺上的才能。阿里斯托芬的前三部作品——公元前427年的《宴会宾客》、公元前426年的《巴比伦人》、公元前425年的《阿卡奈人》，都是以一个虚构的作者卡利斯特拉托斯的名义发表的。

正如卡尔·斐迪南·兰克在文章中所说，人们一直希望给《骑士》《云》《马蜂》《和平》《鸟》《蛙》的作者——阿里斯托芬选择一个合适的头衔：深思熟虑的爱国者、深沉的政治思想家，甚至是使雅典做出长远改变的道德改革者。对究竟该选择哪个头衔，

[①] 即埃斯库罗斯、索福克勒斯和欧里庇得斯。——译者注

人们仍有不同观点。我们究竟需要给予诗人多少重视是一个长久的问题。修昔底德的作品对阿里斯托芬关于伯罗奔尼撒战争的喜剧起到了衬托作用。在阿里斯托芬的戏剧中，我们能够发现如下几个特征：在讽刺、寓言和抨击中掺杂着高尚的语言和滑稽的表演；在阿提卡对白中通常会突然出现几句粗话；突然攻击某个大家都熟悉的小人物，对公共生活中某个更著名的大人物则是不间断地抨击。这些都与古老庆典的氛围相符。除被保留下来的十一部作品之外，阿里斯托芬还创作了大约二十九部作品。阿里斯托芬的作品与那些在公民大会上当着众多清醒、审慎的人的发言比，哪个政治影响力更大呢？柏拉图可以证明，《云》中关于苏格拉底的讽刺作品，对苏格拉底的名声有着恶劣、长远的影响。那些既追随苏格拉底又敬畏其诽谤者阿里斯托芬的人文学者陷入了两难的境地。无法否认的是，阿里斯托芬渴求和平。同时，阿里斯托芬凭借自己过人的智慧辨别出了阿提卡民主中的是非善恶。但人们还发现，阿里斯托芬爱玩乐的天性让他无法专注地从事任何正事。

●公元前4世纪的历史学家与编年史作者

虽然我们会将公元前4世纪称作"散文、雄辩和哲学的伟大时代"，但人们对公元前4世纪的历史研究出现了滑坡。色诺芬的作品能保留下来主要得益于后世对苏格拉底的兴趣，但色诺芬的水平远逊于修昔底德。色诺芬生于伯罗奔尼撒战争初期，公元前354年逝世。色诺芬生于一个富足、保守的家庭。他的成长环境局限于雅典的贵族圈，贵族圈里的人主要兴趣是竞技、打猎、传播传统的美德及宗教信仰。色诺芬很幸运地成了苏格拉底的学生。苏格拉底的人格及教育都对色诺芬的人生产生了巨大影响。色诺芬的《回忆苏格拉底》不仅反映了他对老师苏格拉底的情感，同时展示了伯罗奔尼撒战争期间及公元前4世纪早期雅典的社会全貌。色诺芬的《远征记》描述了小居鲁士为反抗哥哥波斯国王阿尔塔薛西斯二世而进行的远征和小居鲁士率领十万希腊雇佣兵的撤退。色诺芬就是这十万希腊雇佣兵中的一员。在小居鲁士战死后，色诺芬被选为军队的首领。根据色诺芬自己的描述，他是这场撤退的大功臣。色诺芬的描述让我们得以了解这群雇佣兵，了解他们的组织与精神，以及各位杰出将领的性格特征。同时《远征记》还向我们提供了有关沿途各国及其居民的有趣信息。《远征记》的出版一定深深影响了希腊人看待波斯的态度。

色诺芬最重要的史学作品是《希腊史》。《希腊史》是对修昔底德写的历史的延续。《希腊史》记录了公元前441年到公元前362年曼提尼亚战役期间的希腊历史。《希腊史》大部分内容是色诺芬在被流放转而投奔斯巴达时写的。因此，《希腊史》代表的是斯巴达的观点。与修昔底德写的历史相比，《希腊史》尽管略显浅显、带有偏见，却是唯一一部记录的历史阶段没有中断的史书。《希腊史》中有很多关于个人性格及事件的记录。比起史学家，色诺芬更有当传记作者的潜质。修昔底德欠缺的正是这些内容。对研究希腊生活和文化的人来说，这些内容很有吸引力。色诺芬有着丰富的生活经历。与此同时，他眼界宽阔、知识广博，在道德和宗教上有着自己的原则,是那一代有学识之人的最佳代表。色诺芬的其他作品,如《拉栖第梦的政制》《经济论》《财源论》等,都是很有价值的史料。

最近,我们发现了一本比色诺芬的《希腊史》更详尽、更有价值的史书的片段。该片段出自伯纳德·P.格伦费尔和阿瑟·瑟里奇·亨特的《俄克喜林库斯莎草纸文书》。它讲述了公元前396年发生的事情,甚至提到了彼奥提亚联盟章程。学者们认为它出自狄奥庞帕斯、埃福罗斯或克拉提普斯之手。各种证据更倾向于它出自克拉提普斯之手。

修昔底德和色诺芬都是不折不扣的哲学家,接近智者派和苏格拉底。在色诺芬和克拉提普斯之后,修辞学占领了史学的大部分领域。之所以发生这种改变,主要是因为伊索克拉底。而历史上的第一批修辞史学家就是伊索克拉底的学生。他们中有来自小亚细亚库麦的埃福罗斯和来自希俄斯岛的狄奥庞帕斯。埃福罗斯的主要作品是《世界史》,记录了从赫拉克勒斯后裔的回归到著书当时发生的事情。我们对《世界史》感兴趣是因为它是狄奥多罗斯描述那段历史的主要参考资料,而且斯特拉波和普鲁塔克也从中借鉴了大量资料。尽管埃福罗斯拥有一些辨别能力,但可悲的是他的作品不符合修昔底德设定的"准确"这一标准。

狄奥庞帕斯写的十二册《希腊史》,是修昔底德作品的延续。更重要的是,狄奥庞帕斯用五十八册书写就了《腓力传》,极其详尽地介绍了当时和之前的各种事情,而《腓力传》的中心是马其顿国王腓力二世。《腓力传》现存的片段基本是通过阿忒那奥斯保存下来的。从《腓力传》现存的片段中我们可以发现,狄奥庞帕斯对文化和人物极其感兴趣，还特别喜欢展示各种奢侈品及人的罪恶。尽管埃福罗斯和狄奥庞帕斯有一些不足，但如果能够发现他们留存的作品，我们必将更了解希腊的历史和文明。

史学领域几乎未被修辞学占据的一片天地属于雅典编年史作者。雅典编年史作者的兴趣同科学家一样，在于收集事实，并使其系统化。他们最开始记录的是早期神话中的各位国王。他们以统治时期为依据来划分王政时代各种制度及事件。各个历史阶段的史料则是通过执政官的年代顺序排列。雅典编年史作者不会将自己局限于某些政治或军事事件，而是着眼于制度、民众及与文化相关的一切事物。赫拉尼库斯之后的第一位编年史作者是克雷德姆斯。公元前378年后，克雷德姆斯的作品才问世。关于他的作品我们知之甚少。在编年史作者中，引起我们最大兴趣的当数安德罗提翁。他是伊索克拉底的学生，同时是雅典一名地位显赫的政治家。公元前330年，克雷德姆斯被流放到迈加拉。在迈加拉，他完成并出版了自己的作品。克雷德姆斯之所以吸引我们，是因为他的编年史是亚里士多德的《雅典政制》的主要参考资料。在学生的帮助下，亚里士多德描写了一百五十八个城邦的政制历史。这些城邦绝大多数是希腊城邦。《雅典政制》既叙述了从早期到亚里士多德时代政制的发展情况，又以亚里士多德当时的视角审视了政制的发展。1890年底，在埃及，《雅典政制》这部有关雅典体制的巨作被发现。公元前260年，斐洛考鲁斯被谋杀，而他创作的编年史是内容最广泛的。除编年史之外，斐洛考鲁斯还创作了一系列关于宗教和其他题材的作品。

●阿提卡雄辩家

从荷马时代开始，希腊人就十分重视雄辩。但直到伯罗奔尼撒战争时期，随着修辞学的逐渐成熟，人们才开始创作出各种演说词。雄辩共分为三大类：一是在葬礼、公众集会或类似场合发表的、旨在表现辞藻技巧的雄辩；二是在会议上发表的政治性、协商性的雄辩；三是在法院起诉或辩护中使用的司法性雄辩。在民主法庭中，每个人都需要为自己辩护，自身不是雄辩家的一方就会找专业的雄辩作者创作辩护词。这些雄辩作者或多或少都对法律有一定的了解。这些专业的作者会将自己的创作保存起来，作为模板供以后参考。亚历山大大帝时代的文学批评家评选出了十位阿提卡雄辩家，作为不同风格的典范。正是因为这些文学批评家，大量的阿提卡雄辩作品才得以被保留下来。以下列举的几位雄辩家都有作品流传至今。

吕西阿斯来自一个富足的家庭。公元前404年到公元前403年，吕西阿斯的家产被暴政摧毁。遭受不幸的吕西阿斯转而教起了修辞学，并成了一名为他人创作演讲词的作家。公元前380年前后，吕西阿斯去世。吕西阿斯从事修辞教学和创作接近二十五年。权威数据显示，在此期间，吕西阿斯共创作了至少二百三十篇演讲词。这展现了吕西阿斯惊人的创作力。吕西阿斯的作品只有三十四篇被保留了下来，其中有几篇还是不完整的。这些作品大部分都用于法庭辩护，文风简练、优雅，表面看起来都是日常的文字，实际上充满了艺术气息。不同的作品既能够体现出不同辩护人的性格特征，又有很强的说服力，能够引起听者的共鸣。

这些演讲词针对法庭上的双方，描述了各自的人物、历史、经济及社会情况。我们可由此了解当时的人们和社会经济的发展情况。尽管在风格上，其他雄辩家与吕西阿斯有不同，但可以肯定的是，他们的作品和吕西阿斯的作品一样，让我们了解到当时的公共生活和个人生活。

伊赛奥斯的个人生活我们知之甚少。从伯罗奔尼撒战争结束到公元前4世纪中叶，伊赛奥斯一直从事演讲词写作。伊赛奥斯现存的作品大都是公元前389年到公元前353年创作的。尽管人们普遍认为伊赛奥斯是伊索克拉底的学生，但伊赛奥斯的作品非但没有伊索克拉底的痕迹，反倒更像是吕西阿斯文风的继承者，是吕西阿斯和狄摩西尼的作品之间的连接者。伊赛奥斯流传下来的十二篇文章都与法律案件相关，涉及伊赛奥斯擅长的领域——继承与领养。伊赛奥斯是一位十分聪明的家庭律师，他深知如何利用法律使自己胜诉。某种程度上，希腊所有司法演讲词的作者都是这样。如果再加上细致的批判，伊赛奥斯的作品有可能像吕西阿斯的作品一样在历史上具有重要意义。

公元前4世纪，人们的生活和思想都反映出了城邦制度瓦解的趋势，无论是城邦制度的传统，还是由此衍生出的观念、社会关系及政治关系。在色诺芬的作品中，我们能发现这一趋势。而在伊索克拉底的作品中这一趋势体现得更明显。伊索克拉底一生经历了散文的繁荣发展，也经历了城邦制度的鼎盛时期及衰落的早期阶段。伊索克拉底是一名教师，给他一千德拉克马[①]银

---

① 古希腊货币单位。——译者注

币就能跟随他学习三年到四年政治课程。除训练学生的雄辩技巧之外，伊索克拉底还教给学生道德及政治知识，因为在伊索克拉底看来，这些知识对领导能力的提升有不可或缺的作用。希腊各地，尤其值得一提的是希腊东部贵族的孩子纷纷师从伊索克拉底，希望从他那里获得有用的指导。伊索克拉底的学生中有人成了将军、政治家，还有人成了雄辩家、史学家。通过这些学生，伊索克拉底对整个希腊社会产生了深远的影响。教书的同时，伊索克拉底一直在创作《演说词》。《演说词》不是用于发表演说的，而更像是随笔。伊索克拉底用一种精妙的文学形式向我们展示了他细腻的文字选择与编排。至少从表面观察，伊索克拉底追求风格的一面战胜了思想的一面。通常，伊索克拉底的写作针对政治领域。伊索克拉底是最早、最杰出的国际法学家。在内政方面，伊索克拉底是保守主义者，更喜欢梭伦和克利斯第尼时期的法律。梭伦和克利斯第尼时期的亚略巴古①都会对公民和地方法官进行监管。伊索克拉底在《论雅典最高法院》中表达了上述观点。而在国家间的政治关系中，伊索克拉底赞同在雅典和斯巴达共同领导下，整个希腊统一起来征服波斯。伊索克拉底最伟大的作品——公元前380年的《泛希腊集会演说词》，就体现了这个观点。后来，伊索克拉底意识到这种愿望毫无意义后，转而呼吁多位杰出人士接过领导权。这些杰出人士包括锡拉库萨的狄奥尼修斯、斯巴达的阿希达穆斯和腓力二世。某些德国学者之间的争论

---

① 原文为 Areopagus，音译为"亚略巴古"，古雅典最高司法及立法机构。——译者注

使对伊索克拉底的研究有了新的必要性，其中就有爱德华·迈尔。德国学者认为，伊索克拉底才是那个时代最好的诠释者，对公元前4世纪的研究应当基于伊索克拉底的观点展开。虽然我们无法论断这一说法的真假，但可以确定的是，没有哪个思想家能够独占那个时代的政治智慧，无论他们的作品作为史料多么有价值。

狄摩西尼与伊索克拉底形成了鲜明的对比，两人之间是实际与理论的对比，是活力与疲乏的对比，是大量事实叠加而成的、难以抵抗的说服力与用甜言蜜语将观点无限稀释的对比。狄摩西尼的早年生活经历、在监护人那里受到的虐待及对监护人的控诉都在《驳阿佛卜司》中有所提及。正是因为对监护人的控诉，狄摩西尼渐渐有了名气，成为一名司法演讲词的作者。这也是狄摩西尼积攒下巨额财富的基础。狄摩西尼撰写的演讲词作为史料与吕西阿斯的作品有着相同的价值。它们都可以帮助我们了解当时的社会、经济、司法及文化状况。在狄摩西尼的早年生活里，有两种力量相互支撑、互为补充：第一种力量是严格，第二种力量是直截了当。狄摩西尼的演讲词中最重要的特征就是真实有力，而不是利用各种技巧激发人们的情感。回顾历史，只有狄摩西尼一个人敢反抗腓力二世。公元前359年，腓力二世成为马其顿国王后，将马其顿这个原先不起眼的小国家的政体打造成了全欧洲最强大的政体。腓力二世赋予了马其顿强大的力量，使他的儿子亚历山大大帝在非常短暂的时间内就完成了使命——摧毁波斯，并在波斯废墟上建立起一个庞大的希腊帝国。

如同一名孤胆英雄，狄摩西尼一直在反抗这一笼罩在希腊各城邦头上的力量，最终却徒劳无功。19世纪关于狄摩西尼性格及信念的讨论出现两极分化。当拿破仑·波拿巴用铁蹄践踏普鲁士时，当时的爱国学者B.G.尼布尔认为拿破仑·波拿巴与腓力二世十分相似，并把狄摩西尼奉为人类自由的"士兵"。然而，时代已经不同了。欧洲贪婪的帝国主义已经不能容忍有一个人为了衰落的共和国的自由奋起反抗。的确，亚历山大大帝的帝国当初传播了希腊文明。而到最后，虽然不像狄摩西尼设想的那么迅速，但最终帝国主义摧毁了自由，毁灭了世界的文明。从以上方面考虑，虽然马其顿的成功为全世界带来了利益，但爱国者狄摩西尼的所作所为也充满了正义。虽然狄摩西尼的抗争以失败告终，但他发人深省的口才和英雄事迹是人类无价、永恒的财富。

埃斯基涅斯出身贫寒，他的父亲亚特罗迈图斯是一名老师。埃斯基涅斯作为狄摩西尼政治上的对手而被大家记住。早年，埃斯基涅斯当过抄写员，后来又做过一阵子演员。最终，在依布鲁斯的帮助下，他进入政界。起初，埃斯基涅斯主张建立一支希腊联军来抵抗腓力二世的扩张。公元前346年，埃斯基涅斯成为出使马其顿和平使团的一员。在第一次接触腓力二世之后，埃斯基涅斯便成了亲马其顿政党的坚定带头人。埃斯基涅斯的态度发生一百八十度转弯的原因仍然存在争议。有人认为埃斯基涅斯接受了贿赂，有人则认为埃斯基涅斯真实的信仰发生了改变。同为和平使团成员的狄摩西尼批判埃斯基涅斯出卖了自己，背叛了国家。狄摩西尼和埃斯基涅斯相互针对的演讲词流传至今，从中可以看出他们之间的矛盾。后来，埃斯基涅斯还控告泰西封授予狄摩西尼不当的荣誉。这一著名的案件始于公元前336年，直到公元前330年才判决。埃斯基涅斯试图诋毁狄摩西尼的行为，促使狄摩西尼发表了《王冠》这篇演讲词，以此来维护自己的职业和声誉。《王冠》也成了史上最出色的辩护词。埃斯基涅斯彻底失败了，不得不开始流亡的生活。除上述两个场合的演讲之外，埃斯基涅斯的《驳提马库斯》也流传至今。可以肯定的是，那些谴责狄摩西尼的现代学者也在努力将埃斯基涅斯重新塑造为一个有远见的政治家与正人君子。

雅典的利库尔戈斯是狄摩西尼的同时代人，也是狄摩西尼的合作者。雅典的利库尔戈斯同狄摩西尼一样，坚定地用各种手段来抵御马其顿的入侵。在喀罗尼亚战役之后，坚定的信念及纯粹的爱国主义精神使雅典的利库尔戈斯脱颖而出。在后来的十二年，即公元前338年到公元前326年，雅典的利库尔戈斯一直担任财政事务长官，前四年他以自己的名义掌管财政，在剩下的八年财政实际上由他人掌管。在十二年的时间里，雅典的利库尔戈斯手下一共有一万四千名[①]人才。现代学者高度赞扬了雅典的利库尔戈斯的财政管理能力。他的演讲词《驳列奥克拉特》展示了他作为公共人物十分严厉的一面。他将过去的文学赋予实用主义及爱国主义的色彩，从而阐明了什么才是正确的行为、什么才是公民的义务。

和狄摩西尼一样，希佩里德斯一直抵抗马其顿入侵。同时，希佩里德斯是一个喜欢享受生活乐趣的人。希佩里德斯的演讲拥有明显的优雅气息，与狄摩西尼式的力量形成了鲜明的对比。希佩里德斯不仅演讲能力突出，而且拥有极强的综合能力。现已明

---

① 还有数据显示为一万八千六百五十名。——原注

确出自希佩里德斯之手的演讲作品有五十二篇，但全部遗失了。因此，学者们只能通过古代批评家来对希佩里德斯做出评判。直到19世纪中叶，希佩里德斯的个人演讲作品才渐渐浮出水面。我们现在掌握了希佩里德斯的六篇演讲作品，其中就包括纪念拉米亚战争①中为国捐躯之人而创作的《悼词》。公祭时，选择希佩里德斯演讲正是他的爱国之心和雄辩口才的最好的证明。

●柏拉图与亚里士多德

柏拉图来自雅典历史最悠久的贵族家庭，从小便接受贵族阶层应有的文学、音乐和竞技等方面的教育。这些教育和师从苏格拉底的经历赋予了柏拉图超过常人的文学造诣。公元前4世纪，仅有狄摩西尼一人能够与之匹敌。本质上，柏拉图是一位诗人，他用天马行空般的想象力，创作了如诗一般的散文作品《对话录》。柏拉图的哲学并不是一个有序一致的理性系统，而是一直变化着的，将纠缠在一起的思绪与情感层层展现。在柏拉图身上，唯一永恒不变的元素就是唯心主义。在政治上，柏拉图的出身和教育使他成为寡头政治代表者。柏拉图对民主的憎恶因苏格拉底对自己的谴责而越发强烈。对柏拉图所在阶层的人来说，民主是没有什么作用的。寡头政治者一直偏爱通过各种阴谋、暴动来引发政治冲突或实现调解及和解。就像柏拉图的亲戚克里底亚

---

① 发生于公元前323年到公元前322年，交战双方分别是希腊城邦联盟和马其顿。最终马其顿获得了战争的胜利。——译者注

那样,时机成熟时,寡头政治者会取得专制统治,压制自由言论,抢劫并杀害民众,并试图将民众变为农奴。在和平时期,寡头政治者则会远离公共生活。这很大程度上是因为寡头政治者狭隘的政治视野和自我主义及他们想要独自享受感官上、社交上只属于知识分子的愉悦。如果寡头政治者对公民义务的否定使民主退步,就理应接受所有谴责。

在贵族阶层中,柏拉图是出类拔萃的。柏拉图对自由制度的厌恶、对阶级专制的追求都被他对知识、司法、正义的追求美化了。他用以谴责塞米斯托克利、伯利克里及希腊伟大政治家的评判标准也可以被用来评判从古至今的所有政府。

本书只会提及柏拉图的三四本著作。柏拉图的《普罗塔哥拉篇》攻击了普罗塔哥拉这位著名智者的根本原则和思维方式。柏拉图的《高尔吉亚篇》批判了民主,就像他批判修辞术一样。柏拉图的《理想国》描述了一个理想的国家。在这个国家里,民众,也就是农奴,受到拥有军权的贵族哲学家的绝对统治。《理想国》是柏拉图最伟大的作品,描述的乌托邦是最精彩的。它展现了柏拉图这位伟大智者在教育问题、社会问题、道德问题及政治问题上的思考,引发了我们的关注。然而,如果《理想国》描绘的景象实现了,则可能压制作者的天赋,因为任何人,哪怕是统治阶级的一员,都无法忍受这样的国家。柏拉图晚年创作了《法典》,对如何建立一个理想的国家提出了更加明智可行的意见,对现实更有参考意义。然而,对那些喜欢社会史的人来说,柏拉图对生活的描述比他的理念更有价值。柏拉图对生活的描述虽然可能在个人层面上不够准确,但能反映出当时的社会情况。

公元前384年到公元前322年，从柏拉图时代到亚里士多德时代，人们的思想也发生了改变。如果说上文提到的诗歌及散文的作者富有创造力，那么亚里士多德则是一名不折不扣的学者。实际上，亚里士多德可以被称作历史上第一位伟大的学者。亚里士多德系统梳理、记录了希腊人积累的知识，并加入自己的研究结论。他的作品涵盖了形而上学、心理学、自然与物理学、逻辑学、修辞学、伦理学及政治学等方面的内容。亚里士多德共创作了一百五十八篇关于不同城邦政制的作品。在研究各城邦政体的基础上，他创作了《政治学》一书。《政治学》是至今为止关于城邦研究最著名的专著。公元前336年到公元前332年之间，《政治学》出版。虽然它比上述研究城邦政制的作品出现时间更早，但这不是严重的问题。早在创作《政治学》之前，亚里士多德就已经搜集了创作研究城邦政制作品需要的材料。作为《政治学》的入门，我们首先要了解一下亚里士多德的《尼各马可伦理学》这本书。《尼各马可伦理学》探讨了各种善举的标准，目的不仅在于保护人类，还在于使人类进步。

《政治学》探讨的对象是不受任何更高级政治组织束缚的城邦。亚历山大大帝建立世界霸权的时候，这种城邦出现了。这使现代学者十分不解。我们尽管可以说在亚历山大大帝及其继承者的统治下整个希腊拥有许多自由，但不得不承认这种自由是有条件的。从前的君主并不能赋予人们自由与自治。只在近代以后，尤其是在英国，君主政体与民主实现了和解。因此，亚里士多德对抗君主政体、支持城邦的做法是正确的。然而，亚里士多德对联邦制的忽视则没有那么正确。亚里士多德去世很久后，希腊的联邦才逐渐成熟。这是在美国成立之前，全世界最发达、最完善的政治创造。想要了解亚里士多德关于各种政体的观点，上文提及的文章能够提供必要的信息。

● 希腊及罗马时期的作家

那些不重要的作家和本书简要提及的作家，在介绍他们的作品时本书已给出了必要信息。本书引用的科学作品及医学作品也遵循了同样的安排。波利比阿是著名的历史学家之一，我们将给予他特殊的关注，因为从他写的历史里，我们得以了解希腊化时代史学的发展情况。

在希腊化时代，一种典型文学形式是新喜剧。新喜剧代表人物米南德的四段喜剧被发现后，人们对新喜剧产生了浓厚的兴趣。普劳图斯和泰伦斯的喜剧也属于新喜剧。两人翻译了当时的希腊戏剧，并或多或少进行了改编，以符合罗马观众的口味。从阿里斯托芬开始的喜剧变革，在希腊化时代终于完成了。希腊化时代的喜剧已经抛弃了政治，完全投向社会生活，同时摆脱了阿里斯托芬时期粗鄙、伤风败俗的内容。正如弗格森·威廉·斯科特指出的那样，那些受人尊敬的女人大部分时间仍旧待在家中。因此，出现在舞台上的女性角色通常没有什么好名声。新喜剧展现的都是街头的场景，包括抛弃婴儿、年轻男子与妓女私会及生活中的其他阴暗面，通常不会刻画家庭内部生活和各种高尚的社会活动。新喜剧这类文学作品无论包含的信息多么片面、有瑕疵，都让我们了解到之前几乎无从知晓的思想、情感、人物和社会风俗。

另一种典型的文学形式就是田园诗，代表人物是忒奥克里托斯。公元前310年，忒奥克里托斯生于锡拉库萨。早年，他在锡拉库萨和亚历山大生活过一段时间。忒奥克里托斯喜欢用优雅精妙的语言描述普通的生活。基纳斯顿曾经说过，忒奥克里托斯向我们展示的自然，不是舞台上的自然，而是西西里岛晴朗的天空下真实的自然。事实上，没有什么比忒奥克里托斯的第十五首《田园诗》更能让读者近距离接触希腊的家庭生活和亚历山大的街头景色。在合适的章节我们会介绍与忒奥克里托斯同一时期的几首讽刺短诗，但短诗的作者已经不得而知。

从希腊化时代向罗马时代的转变过程中，我们可能会注意到一位罗马传记作家——科尔内留斯·奈波斯。科尔内留斯·奈波斯的作品《外族名将传》部分保留至今。大部分片段是讲述希腊将军的。我们在《伊巴密浓达传》中发现科尔内留斯·奈波斯写的人物角色及特征都是不真实的。因此，科尔内留斯·奈波斯的作品被普遍认为是不可靠的，将他的作品用作史料时需要注意。

与科尔内留斯·奈波斯同时代的西西里岛的狄奥多罗斯则向我们很好地证明了当时编史的水平。狄奥多罗斯的作品《历史丛书》，概括了从很久以前到公元前60年的世界历史，共四十卷。在书的前言部分，狄奥多罗斯曾吹嘘自己花了三十年时间创作这些作品，在走访书中描述的欧洲及亚洲的地点时，他遭受了许多痛苦，遇到了许多危险。他只是为了让自己作为一名亲历者来写作。然而，真实的情况是狄奥多罗斯仅是一名汇编者。狄奥多罗斯因使用有问题的资料而破坏了许多作品。总体而言，狄奥多罗斯缺乏对军事及政治的了解。更重要的是，他缺乏判断力。然而，在狄奥多罗斯的历史作品中，一些部分好于其他部分。同时，在某些主题及时间段上，如公元前5世纪到公元前4世纪的西西里岛和希腊化时代早期，狄奥多罗斯向我们提供了唯一连续的史料。因此，对《历史丛书》涉及希腊化时代后期的作品①的部分缺失，我们感到十分遗憾。《历史丛书》第六卷至第十卷同样是残缺的，经过沃格尔的编纂才恢复了各卷的顺序。

与狄奥多罗斯相比，斯特拉波的权威性要高得多。公元前64年，斯特拉波生于本都，公元19年去世。斯特拉波的主要作品《历史学》，共四十三卷，基本上是波利比阿作品的延续。《历史学》这本专著已经遗失了，我们知之甚少。斯特拉波还撰写了《地理学》，共十七卷，作为对其历史研究的补充。《地理学》保存至今。《地理学》创作于奥古斯都②时期，在提比略时期进行了修订和续写。用斯特拉波自己的话说，《地理学》是一部"庞大的作品"，需要许多年的旅行及视察，才能够搜集到当时世界成千上万不同地区的各种细节。《地理学》不仅包含地理学的内容，还包含许多与各个地区相关的神话和历史。在《地理学》的开篇部分，斯特拉波给出了自己及亚历山大大帝时期的前辈关于地球的观点。在独创性上，虽然斯特拉波无法与埃拉托塞尼媲美，但在当时他有着很高的声望。斯特拉波的作品可以被当作地理学和历史学的优秀资料。

---

① 第二十一卷至第四十卷，涵盖公元前301年到公元前60年。——原注
② 即罗马帝国的建立者屋大维。——译者注

老普林尼是罗马科莫的居民，也是罗马帝国的一名官员。老普林尼在多个领域的研究及写作上花了大量时间和金钱。老普林尼唯一流传至今的书是《自然史》，共三十七卷，内容涵盖了艺术、科学及各种知识的历史，但缺乏科学方法及精确性。在对艺术及科学的探索中，老普林尼主要关注希腊。

我们将把三位生活年代更晚的希腊作家放在一起探讨。帕萨尼亚斯生活在公元2世纪后半叶，著有《希腊志》，共十卷，目前仍流传于世。在《希腊志》涉及的各个主题上，帕萨尼亚斯是业余的。他的写作风格是拟古。虽然帕萨尼亚斯的写作天赋不高，但《希腊志》是地形学、考古学、宗教学、神话等信息的宝库。《希腊志》为希腊地形学和考古学的现代研究奠定了基础。第欧根尼·拉尔修生活在公元3世纪早期，著有《哲学家合传》。在文学水平上，第欧根尼·拉尔修可能还不如帕萨尼亚斯，但《哲学家合传》包含的信息十分有价值。阿忒那奥斯也是同时代的人，著有《餐桌上的健谈者》。《餐桌上的健谈者》大部分内容也流传至今。阿忒纳乌斯将书中晚餐的时间设定为罗马皇帝康茂德去世后不久。在餐桌上，博学的客人们，即健谈者，进行探讨，主题是食物和宴会习俗。他们也会探讨其他主题。阿忒那奥斯的意图似乎是通过尽可能多地引用作家——大部分作家我们是通过阿忒那奥斯得知的——的话来展现自己的博学。因此，通过《餐桌上的健谈者》，我们能够了解到竟然有这么多已经遗失的古代文学宝藏。

我们将用受人尊敬和受人欢迎的喀罗尼亚的普鲁塔克来结束第一章。普鲁塔克出生于一个古老的、有名望的家族，接受过修辞、历史、传记、物理、数学、哲学等多个方面的教育。普鲁塔克通过旅行丰富自己的阅历，但最后回到了自己思念的故乡。普鲁塔克针对社会、政治、道德、哲学等方面的写作全部汇总在《道德论集》。《道德论集》中的文章展现了柏拉图精神的多样性和创造力。其中绝大多数材料都能被用于历史研究。然而，我们主要的关注点集中在普鲁塔克的《希腊罗马名人传》上。《希腊罗马名人传》是古典时代最受欢迎的作品。四十六篇传记两两分组，对希腊人和罗马人进行比较。还有四篇——阿尔塔薛西斯二世、亚拉图①、加尔巴、奥索——是独立存在的。包括《伊巴密浓达传》在内的几篇重要传记已经遗失了。文章的顺序是作者自己确定的，如果用时间顺序可能会更好。值得注意的是，普鲁塔克对历史的发展是没有概念的。像雅典的利库尔戈斯、罗穆路斯、忒修斯这样的古人拥有与普鲁塔克一样的思想认知。普鲁塔克还缺少历史批评的能力。在普鲁塔克看来，所有史料都拥有相同的可信度。因此，任何言论的正确与否只能通过探寻其来源来确定。我们还需要承认的是，在处理针对同一个人或同一件事相互矛盾的言论时，普鲁塔克从来不认为有必要消除这些矛盾。总的来说，普鲁塔克的传记是我们了解希腊和罗马的风俗、制度及居民特性的重要资料。

普鲁塔克自己认为《希腊罗马名人传》如《道德论集》一样，为读者提供了一种哲学指导。普鲁塔克的哲学在于将过去那些伟大的、美好的和高贵的事物保存下来，并用它们指导和鼓舞人

---

① 亚该亚同盟的首领。——译者注

们，使人们拥有高尚端正的品格。普鲁塔克做的从来都不是单纯的布道。因此，他永远不会感到乏味。在普鲁塔克的作品中，每一页他那幸福、自由、善良的灵魂都闪烁着光芒。这种光芒温暖了读者的心，更唤醒了读者对美好的渴望。

第2章

米诺恩文明与荷马文明

(公元前3000年到公元前750年)

The Minoan and Homeric Civilizations

(3000—750B.C.)

米诺恩文明又称"克里特文明",始于青铜时代。青铜被引入之前,人们一直使用铜。阿瑟·埃文斯将米诺恩文明分为三个时期:早期、中期及晚期。在米诺恩文明中期克里特岛达到文明的巅峰。在米诺恩文明晚期,也就是迈锡尼文明时期,克里特岛进入衰退阶段,而特洛伊,即第六城,迈锡尼及希腊大陆的其他城邦则进入文化及权力的鼎盛时期。米诺恩人开始有了书写体系。象形文字出现了,随后又演变出线性文字。

在克里特岛克诺索斯宫的一个房间内,大量雕刻的铭文被发现。虽然目前还没有人能读懂这些铭文,但可以确定的是,它们是一些账目、税捐、收入的记录,属于当时的国王。机智的米诺恩人同样具备创作诗歌、书写历史的能力。然而,诗歌等文学作品一定是被写在某些不耐用的材料上的,大概是埃及的莎草纸,所以未能保存下来。

关于米诺恩文明与古希腊文明的关系的最重要的问题之一就是,在米诺恩文明的衰落过程中,是否有任何形式的文学作品被保存下来并被希腊人使用。荷马对辉煌的米诺恩文明中期的描述是十分正确的。这就意味着当时的资料有可能一直流传到荷马生活的时期。即使荷马获得的资料不是写在纸上而是口传的，至少这些口传资料是确切、具体的。同样值得注意的是，亚里士多德和埃福罗斯在描述米诺恩文明的情况及制度时都充满了自信。同时，他们记述的内容与考古发现的内容也是吻合的。这使我们相信他们参考的史料都是直接或间接从米诺恩时期流传到他们那个时代的。

虽然有上述种种可能，但面对的事实是我们获得的史料几乎都是考古得来的。只有被考古发现印证的时候，希腊文学中针对米诺恩文明的参考材料才能被当作事实。以这种认知为背景，我们在下文中选取了一些文学片段。在引用这些文学片段之前，下文先节选了埃斯库罗斯描述文明生活开端的作品。

●人类的原始状态及文明的起源

一个值得注意的事实是，公元前500年左右，希腊戏剧家埃斯库罗斯的观点已经十分接近文明起源的真相了。一个有趣的主题是，在埃斯库罗斯眼中什么才是文明最重要的元素，尤其是在赋予宗教很大的重要性的背景下。

看看曾经在人类身上存在的邪恶吧，看看我[1]怎样

---

[1] 说话者是普罗米修斯，人类的朋友，希腊人的祖先。——原注

使人类变聪明，使人类有理智。我说这话，并不是责备人类忘恩负义，只是表明我赐予人类的那番好意。

先前，人类视而不见，听而不闻，好像虚无缥缈的梦，一生做事七颠八倒。人类不知道要建造向阳的砖屋，不知道用木材盖屋顶，而是像一群小蚂蚁一样住在地下不见阳光的洞里。人类不知道凭可靠的迹象辨别冬日、开花的春天和结果的夏季，做事完全没有准则。后来，我才教人类观察不易辨认的星星的升降。我为人类发明了最高的科学——数学，还创造了字母，通过字母组合记载一切事情，文学从此诞生了。我最先把野兽架在轭下，给野兽搭上护肩和驮鞍，使它们替凡人承担最重的劳动；我还把马儿驾在车前，使它们服从缰绳，成为富贵豪华的排场①。为水手们造船的也是我，不是别的神。以上这些都是我为人类发明的⋯⋯

因为没有药吃，也没有药膏敷，所以人一得病就没有救。因为没有治病的药，所以人就越来越虚弱。后来，我教人类配制解痛的药，驱除百病②。我还发明了许多占卜的方法，最先为人类圆梦，告诉人类哪些梦会应验。还有那些偶尔听见的、难以理解的话和路上碰见的预兆，我也向人类做出解释了。爪子弯曲的鸟的飞行，哪

---

① 对希腊人来说，马不是普通的、从事耕作的动物。人们会骑马、驾马车、在战场上使用马。马的售价很高，只有相对富裕的人才买得起。——原注
② 在埃斯库罗斯生活的公元前 5 世纪初期，医学发展迅猛。公元前 5 世纪后期，科斯的希波克拉底深受人们追捧。——原注

一种表示吉兆,哪一种表示凶兆。各种鸟的生活方式,彼此的爱憎及起落栖止,我也给人类讲得清清楚楚。各种鸟内脏的大小及均匀程度意味着什么,内脏是什么颜色才能让神喜欢。这些我都已经告诉人类了[①]。我还使人类看清了火焰的信号。从前,火焰的信号是朦胧的。这些事说得够详细了。至于地下埋藏的对人类有益的宝藏——金、银、铜、铁,谁能说是在我之前被发现的?我知道得很清楚,除非有人信口胡说,不然谁也不能说。请听我一句话总结:人类的一切技巧都是普罗米修斯传授的。

——埃斯库罗斯《被缚的普罗米修斯》

●卡里亚人

现在,人们普遍认为米诺恩人不属于印欧语系的人种,而是属于"地中海"人种,与卡里亚人属于同一族群。卡里亚人生活在小亚细亚部分地区。而更早之前,正如希罗多德所说,卡里亚人生活在爱琴海周围的岛屿上。许多学者曾经指出卡里亚、小亚细亚及克里特的宗教之间存在一定关系。值得注意的是,卡里亚并没有参与灿烂的米诺恩文明。

卡里亚人曾经生活在岛屿上,是米诺恩的国民,被

[①] 现在,人们相信占卜源自巴比伦尼亚。——原注

称为"利利格人"。他们不向米诺恩进贡。但在米诺恩需要的时候,卡里亚人会为米诺恩的船配备水手。在战争中米诺恩是十分幸运的,征服了许多领地。

卡里亚是米诺恩领导下最有名的城邦。卡里亚人有三种发明被古希腊人沿用了:卡里亚人是首先在头盔上使用顶饰的人,是首先在盾牌上放上各种装置的人,是首先在盾牌上安装把手的人。在此之前,人们使用盾牌时只能使用皮带,将皮带拴在自己的脖子和左肩上[①]。很久之后,多利安人和爱奥尼亚人将卡里亚人从岛上赶了出去,卡里亚人来到了大陆。

——希罗多德《历史》

生活在岛上的人比生活在大陆上的人更加热衷于海盗行为。这些人基本是卡里亚或腓尼基移民。在伯罗奔尼撒战争期间,雅典人征服提洛岛,打开了岛上的坟墓,发现有一半以上的人都是卡里亚人。从陪葬武器的装饰和埋葬形式就可以判断坟墓里的人就是卡里亚人。

[①] 米诺恩人使用的是一种遮盖人体的盾牌,如文中描述的一样,悬挂在人的脖子上。至于圆形盾牌的起源目前没有确切的说法。威廉·里奇韦在《早期希腊》中认为圆形盾牌是由来自中欧的希腊入侵者带来的。——原注

这种埋葬形式卡里亚人沿用至今[①]。

——修昔底德《伯罗奔尼撒战争史》

●米诺恩

在以下的节选中,"它们"代表克里特岛上数量众多的城邦。克里特国王的"九年"期限与拉科尼亚国王相同。克里特国王与拉科尼亚国王都被迫在每九年的轮回里寻求恩赐。克里特国王与神的紧密联系在拉科尼亚国王身上也得到了相同体现。简单来说,两个国家的王室似乎都属于米诺恩文明遗产。

它们中就有克诺索斯。克诺索斯是一个强大的城邦,米诺恩曾统治克诺索斯九年时间,并在克诺索斯同伟大的宙斯对话。

——荷马《奥德赛》

下面来自狄奥多罗斯的作品节选显然参考了希腊早期的资料,展现了希腊对米诺恩的传统看法、米诺恩的立法和海上力量。希腊西部,即西西里岛和意大利南部,曾被许多作者提起。

[①] 从这段文字里我们可以看出作者修昔底德使用了一种当今考古学家也会使用的研究方法。通过这种方法修昔底德证明了旧时提洛岛上埋葬的人们的文明与作者同时期卡里亚人的文明是相同的。因此,修昔底德和大多数考古学家都推断这两种人属于同一族群。相反,现代历史学家则相信差异很大的族群,如日本人、北美的黑人和西欧人,都拥有相同的文明。——原注

毫无疑问，后来，米诺恩人把这片区域作为殖民地。

  人们说在众神出现许久后，克里特岛上涌现出许多英雄，其中最著名的当数米诺恩、拉达曼提斯和萨耳珀冬。据说，三人是宙斯与欧罗巴的儿子。传说，欧罗巴骑在牛背上，被牛带到了克里特岛。米诺恩作为大儿子成为岛上的国王，在岛上建立了若干城邦，其中最著名的包括靠近亚细亚的克诺索斯、位于克里特岛南部海岸的菲斯托斯及与伯罗奔尼撒半岛相对的基多尼亚。米诺恩为克里特人制定了许多法律，并且宣称这些法律来自自己的父亲宙斯。这些是他们与宙斯在某个山洞中对话从而得知的。据说，米诺恩拥有强大的海军实力，米诺恩征服了海上大部分的岛屿，成为第一个在海上建立起帝国的希腊人。米诺恩的勇敢和正义让他备受称赞。最后，米诺恩死在了西西里岛，死在了远征可卡洛斯的路上。

——狄奥多罗斯《历史丛书》

  在修昔底德看来，特洛伊战争期间，平静的生活与文明的进步戛然而止了。特洛伊战争结束后，多利安人及其他种族的入侵带来了混乱。考古发现证明，在移民入侵的混乱时期结束后，特洛伊，即灿烂辉煌的"第六城"走向了毁灭。古希腊历史学家对更早的事件的发生顺序的掌握不可能比现代人通过考古了解的更多。但经济与政治的关系则能清晰准确地表达出来。许多人愿意向国王进贡以获得对自己财产的保护，同时使用财富进行征服活动。

在米诺恩建立了海军之后，海上的交流变得越发普遍。米诺恩赶走了海盗，殖民了大部分岛屿。海岸边的居民变得富足起来，生活也越来越安定。其中一部分人发现自己的财富增长已经超过了自己的想象，便筑起墙将城镇包围起来。对获得的渴望使弱者愿意效忠强者，而财富的力量使强大的城邦吞并了弱小的城邦。这就是特洛伊战争时期社会发展的状态。

——修昔底德《伯罗奔尼撒战争史》

●忒修斯与弥诺陶洛斯

普鲁塔克在《忒修斯》中引用了赫拉尼库斯的《阿提丝史》，同时引用了斐洛考鲁斯和亚里士多德的作品。

克诺索斯的国王与贵族最喜爱的游戏应该就是在节日里让训练有素的年轻人与公牛搏斗，在公牛的背上翻跟头。因此，附属的城邦，包括阿提卡的一些城镇，需要将青年男女作为贡物上贡。"labyrinth"一词本意是指克里特宫殿。它来自卡里亚语，有"双斧"的意思，而双斧是宙斯的象征。克诺索斯宫殿又称"双斧宫殿"。后来，随着时间的推移，"labyrinth"一词失去了原本的含义，演化成了宫殿中走廊与通道形成的复杂系统——迷宫。这个故事蕴含的另外一个事实就是阿提卡不再需要进贡。

他们，即雅典人，派出了使团会见米诺恩。双方达成协议，雅典向米诺恩每九年进贡七对少男少女。这个传说中最悲惨的部分就是这些可怜的孩子抵达克里特岛后，被扔进克里特宫殿。这些孩子不是被弥诺陶洛斯①吃掉，就是因找不到出路而被活活饿死。欧里庇得斯告诉我们，弥诺陶洛斯是：

"一种混合的存在，一种怪异的血统，

"一半是人，一半是牛，两种外形合二为一。"

斐洛考鲁斯说克里特人是不承认这个故事的。克里特人认为"labyrinth"仅是个牢狱。如同其他牢狱一样，从中逃脱是不可能的。米诺恩设置竞技类游戏以纪念自己因遭到背叛而被杀害的儿子安德洛革奥斯。这些游戏获胜者的奖品就是那些被囚禁在宫殿中的孩子。亚里士多德在自己的著作《波提亚宪制》②中明确表示自己相信那些孩子不是被米诺恩害死的，而是作为奴隶在克里特生活了许久。《波提亚宪制》中同样提到，克里特人在进行某些古老仪式的时候，会将一批人送往德尔斐。那些被送往德尔斐的人中就有雅典人的后裔。这些人在德尔

---

① 弥诺陶洛斯，即人身牛头怪物，与之有关的灵感源于国王米诺恩和克里特宫殿，以及与牛搏斗的节日习俗。——原注
② 波提亚是马其顿的一个城镇，不属于色雷斯。亚里士多德与德尔斐、意大利和克里特居民的关系我们无从知晓。——原注

斐无法存活,首先来到意大利,在雅庇吉亚附近定居①。后来,他们又转移到色雷斯,并称自己为波提亚人。这就是当波提亚少女在进行某些祭祀的时候会唱到"让我们去雅典吧"的原因。

——普鲁塔克《忒修斯》

后来,普鲁塔克又讲述了忒修斯如何杀掉弥诺陶洛斯,然后引用了赫拉尼库斯作品的如下片段。

赫拉尼库斯说挑选少男少女不是通过抽签的方式,而是米诺恩亲自挑选。米诺恩首先将忒修斯选了出来,然后雅典人准备了一艘船,所有的童男童女同米诺恩一起上了船,身上没有携带任何武器。弥诺陶洛斯被杀后,这种进贡也就停止了。之前没有人敢奢望自己能够安全返回,因此,通常会选择一艘带有黑帆的船,仿佛是要驶向某种厄运一般。但这次忒修斯扬言自己能够打败弥诺陶洛斯。忒修斯说服了自己的父亲,父亲准备了一张白帆交给水手。如果忒修斯真的打败弥诺陶洛斯,就升起白帆以示安全;如果被弥诺陶洛斯打败,则升起黑帆以示悼念。

---

① 这里同样体现了克里特人对意大利的殖民。——原注

●克里特制度与拉栖第梦制度之间的关系

在作者看来，拉栖第梦人从克里特借鉴了许多政治制度，而这些制度是克里特人从克里特岛早期居民那里吸收的。我们知道，在拉科尼亚，米诺恩文明十分发达。因此，我们认为，拉栖第梦的相关制度很有可能都源于生活在拉栖第梦的米诺恩人。如果亚里士多德关于米诺恩文明起源的观点是正确的，那么之前我们认为属于多利安的制度实则属于更早的克里特文明。这种观点是合理的，因为拉科尼亚和克里特复杂的社会构成看起来更像一个高度发达文明的产物，如东方文明，而不是来自多利安的野蛮入侵者。

克里特的制度与拉栖第梦的制度十分相似。在某些方面，克里特的宪法与拉栖第梦的宪法一样好，但在大多数方面，克里特的宪法不及拉栖第梦的宪法。据说，在很多方面，拉栖第梦的制度都是复制克里特的制度，事实可能真的如此。古老的制度通常不如后来的那么详细。按照传统，雅典的利库尔戈斯不再担任国王卡里拉欧斯的导师后，离开了雅典，在克里特度过了大部分时间。克里特是斯巴达的殖民地。殖民者来到克里特后，继承了克里特岛居民的法律体系。直到现在，克里特岛的城市居民仍然接受着米诺恩制定的法律的管理。克里特岛占据着有利的地理位置，其重要地位似乎是注定的。克里特岛在海面延展开来，周围都是希腊人的居住地。克里特岛的一端靠近伯罗奔尼撒岛,另一端几乎延伸到了亚洲,大约在特里欧庇昂和罗得岛的位置。后来,米诺恩成了海上霸主,征服了一些岛屿,又殖民了其他岛屿。最终,他率军入侵西西里岛,在卡弥科斯去世。

克里特的制度与拉栖第梦的制度十分相似。克里特的农耕者是奴隶,拉栖第梦的农耕者则是城市居民。克里特人与拉栖第梦人都实行公餐制。不过,斯巴达人很早称公餐制为"andreia"而不是"phiditia",克里特人也这样称谓。这就证明公餐制起源于克里特。

——亚里士多德《政治学》

●职业阶级、公餐制度及意大利的殖民

我们早就已经知道一个城邦需要分出几个阶级,士兵也应与农奴区分开。这种情况从埃及和克里特一直延续到了现在。据说,它源自埃及的塞索斯特雷斯和克里特的米诺恩。公餐制度似乎也起源于古时候,米诺恩时期就已经在克里特出现,在意大利出现得更早。意大利当地的历史学家认为欧伊诺特里亚有一名国王叫伊塔卢斯。当时的居民被伊塔卢斯称作意大利人而不是欧伊诺特里亚人。同样,也是伊塔卢斯将欧洲的凸出部分称为意大利。意大利位于斯居勒提克海湾和拉美提克海湾之间。两个海湾之间只有半天的路程。据说,伊塔卢斯

领导意大利人由游牧生活转为农耕生活。除制定法律之外，伊塔卢斯还是公餐制度的创始人。直到今日，伊塔卢斯的某些族裔还沿用着公餐制度及其他一些法律。在意大利靠近提伦尼亚的地方生活着奥匹亚人，古称欧松人。而在靠近雅庇吉亚及爱奥尼亚海湾的西里底斯，则生活着琼尼人。这一地区就是公餐制度的起源之地。更古老的阶级分化来自埃及，塞索斯特雷斯的统治比米诺恩要古老得多。

——亚里士多德《政治学》

从使用的语言我们可以看出，雅庇吉亚人与伊利里亚人之间有着某种关系。雅庇吉亚人一定是在米诺恩文明结束之后才移居意大利的。毫无疑问，在米诺恩文明末期，克里特人或其他爱琴海人殖民了南意大利和西西里岛。因此，雅庇吉亚族群中可能会出现克里特的元素。而下面这篇文章提及的主要是更晚的时期。

雅庇吉亚人是那些寻找格劳克斯的克里特人的后代。他们来自克里特岛，最终在意大利定居。雅庇吉亚人忘记了克里特人有序的生活方式，过起了十分奢华的生活，变得越发傲慢。他们开始描画自己的面部，戴上发带及假发，身着缀满花饰的袍子，看不起耕田等任何形式的劳作。

大部分雅庇吉亚人都会把自己的房屋装饰得比神

殿更华丽。因此，传说雅庇吉亚人的领袖不尊重众神，毁坏了神殿中的众神像，并命令众神为官员们腾出地方，从而激怒了众神，遭到雷电的暴击。在后来很长一段时间，击中他们的闪电都能被看到。直到今天，雅庇吉亚人的后代都剪短了头发，身着丧服，不再拥有曾经的那份奢华。

——阿忒那奥斯《餐桌上的健谈者》

●克里特的教育制度和公餐制度

最强壮、最出色的孩子组成一支部队，每个孩子都要尽可能多地召集与自己年纪相仿的人。通常情况下，一支部队的指挥官充当组成该部队的孩子的父亲。指挥官负责带领部队打猎，锻炼孩子的奔跑能力，并惩罚不服从命令的孩子。政府会负责支付维持部队需要的开销。

在某些特定的日子里，两支部队会相遇，在管乐声中行进。这是克里特人在真正的战争中会使用的习俗。他们徒手或者使用铁制武器来击打对方。

部队中会不时选出某些人让他们结婚。但刚结婚的年轻女孩不会被立即带进男子的家中，直到这些年轻女孩学会如何处理家事。

——埃福罗斯《历史》

多西亚德斯是希腊化时代克里特岛上的居民，创作了《克里特志》一书。《克里特志》讲述了克里特岛上的历史及文物。人们对多西亚德斯知之甚少。但多西亚德斯一定掌握了很多我们不知道的信息。

人们是这样践行公餐制度的：每个人上交农产品的十分之一，再加上城邦的税收，政府会将这些分配给各个家庭。每一个奴隶需要上交一厄基那币①作为人头税。

部队中的孩子成年后会加入军营。所有公民都要被分到军营中。每个公餐的餐桌由一名女士负责管理，三四个男人负责协助这名女士。每个男人都配有两名奴隶帮忙搬运木材。克里特各个城邦里都会有两个公餐食堂，一个叫"andreion"，另一个叫"inn"，专门用来招待陌生人。

每人都会获得一份相同分量的餐食。未成年的孩子只能获得半份，也不能吃其他饭菜。随后会提供葡萄酒与水的混合物，餐桌上的所有人会一起喝掉。人们喝完之后，会有人为他们倒入更多的葡萄酒。男孩只能喝一杯，但年长的人，只要他们愿意，就能喝更多的酒。负责餐桌的女士会当着所有人的面将桌子上最好的东西拿给在战争中表现最勇猛的人或最有智慧的人。晚餐之后，首先人们会认真地商谈公共事务，然后讨论一下战

---

① 希腊城邦铸造的货币，流行于公元前 6 世纪。——译者注

争,并表扬那些表现好的人,目的是让年轻人变得更加勇敢。

——多西亚德斯《克里特志》

在公餐食堂,克里特人都坐着吃饭。最小的孩子会站着服务其他人。摆出祈求好运的祭品后,人们会分享桌上的所有食物。站在父亲椅子后面的儿子只能获得一半分量的食物。然而,孤儿们能获得与成人相同的分量。根据习惯,这些食物都是不添加调味料的。

——皮瑞吉翁《克里特习俗》

●出征舞和库越特族人的颂歌

支配他们的是勇气而不是恐惧,他们自童年时期就习惯了使用武器,习惯了忍受疲劳。因此,他们并不会在意或冷或热的天气、崎岖陡峭的道路,以及在竞技训练和战争中遭受的创伤。

他们身着盔甲练习剑术和舞蹈。这起初是库越特人发明的。库越特人在歌曲中加入了克里特的旋律。这种旋律的声调十分高昂,由泰勒斯发明。泰勒斯还创作了很多赞美诗和民歌。人们会身着武装,并把盔甲视为最有价值的礼物。

——埃福罗斯《历史》

●移民时期和之后的希腊

本段文字涉及印欧语系的民族向希腊迁徙的时期，以及在入侵者和日益衰落的米诺恩文明相互作用下希腊文明的萌芽时期。本段文字的选择也反映了修昔底德对早期事件的处理方法。

现在被称为"希腊"的这个地区并不是一直就存在的。居住在希腊的人都是从其他地方迁徙而来的。每当人数过多的时候，这里的人就会准备好随时离开家乡。当时还没有任何商业活动。他们彼此无法随意地通过陆路或水路交往。几个族群仅仅耕种了能够维持生计的小片土地。他们不会积累财富，也不会大面积耕种土地。因为没有墙的阻挡，他们不知道什么时候会有入侵者来掠夺他们。因为生活在这种状况下，同时相信自己在任何地方都能够生存，所以他们总是做好了迁移的准备。这就是他们既不能建成强大的城邦，又没有任何充足资源的原因。越是富足的地区就越经常更换居民。现在被称为色萨利和彼奥提亚的地方，除阿卡迪亚①之外的伯罗奔尼撒半岛的大部分地方，以及希腊的所有好地方都是很好的例子。富饶的土地可以增强个体的能量。但这同样会增加争执的概率，从而导致族群的毁灭。与此

---

① 修昔底德时期的人们相信阿卡迪亚是伯罗奔尼撒半岛唯一没有更换过居民的国家。居住在阿卡迪亚的人应该是希腊最古老的种族之一。——原注

同时，富足的地方更容易遭到外来袭击。像阿提卡这样土地贫瘠的地方则会获得长时间的平静。因此，阿提卡的原始居民从来没有离开过阿提卡。还有一个惊人的事实是，阿提卡通过移民带来的人口增长比其他区域都要多。当希腊的各个首要人物因战争或革命而被逐出自己的城邦时，都会到雅典寻求庇护。从最早期开始，因为能够获得公民身份，所以阿提卡的居民数量大增，最终不得不在爱奥尼亚开辟殖民地[①]。

在我看来，还有一点可以证明希腊早期居民的弱点：在特洛伊战争之前，我们没有关于整个希腊共同行动的记载。我认为当时并没有"希腊"这个名字，甚至可以说在丢卡利翁的儿子赫愣出现之前是不存在"希腊"这个名字的。在不同的部落中，皮拉斯基族[②]是分布最广泛的。皮拉斯基族命名了不同的地区。但在弗提奥蒂斯的赫愣和他的儿子们变得强大后，其他城邦也来请求他们的支援。那些同他们有关系的人逐渐就被叫作"Hellenes"，即希腊人。很长时间之后，"希腊"这个名字在整个地区都变得盛行起来。这一点荷马给了我们最好的证据。虽然荷马生活的年代距离特洛伊战争结束十

[①] 修昔底德认为，在被入侵的多利安人驱逐之后，伯罗奔尼撒半岛北部地区的居民来到阿提卡避难，最终加入对爱奥尼亚的殖民。——原注

[②] 修昔底德时期的人们相信皮拉斯基族曾经占据希腊的很大一部分。然而，这一观点可能是因为追溯历史时使用了错误的方法。荷马只知道皮拉斯基族的阿尔戈斯人和克里特岛上的皮拉斯基人。古文物研究者们据此发展出了不起的理论。——原注

分久远，但荷马从来没有用"Hellenes"来指代所有希腊人，而是仅用来指代弗提奥蒂斯的阿喀琉斯的追随者，也就是最初的希腊人。当说到整个希腊族群的时候，荷马会使用Danaans、Argives或Achaeans等词。在荷马的诗中也从来没有出现过Barbarians，即"非希腊人"或"蛮族"一词。这是因为当时还没有出现与之相对的Hellenes一词。那些部落——这里是指那些使用相同语言、后来拥有共同名字的部落——由于自身的弱小和彼此的隔离，在特洛伊战争爆发之前没有统一。在掌握足够的航海经验之后，那些部落开始远航对抗特洛伊。

根据传说，米诺恩是第一个拥有海军的人。他成了希腊海上的霸主。米诺恩征服了基克拉泽斯群岛，是基克拉泽斯群岛大部分地区的第一个殖民者。米诺恩驱逐了基克拉泽斯群岛的卡里亚人，并任命自己的儿子来掌管不同的区域。最后，米诺恩为了保护自己日益增加的财富，开始尝试消灭海上的海盗。

古时候，如果希腊人和蛮族人、沿海居民和内陆居民想要通过海路交往就必须求助于海盗。这些海盗由强大的首领指挥，通过帮助交往这种方法来获取财富并养活支持他们的穷人。海盗会进攻没有围墙的、分散的城镇或村庄，通过抢劫掠夺居民来维持自己的生活。迄今为止，海盗这个职业都被认为是光荣的而不是可耻的。这一说法得到了种种证明。直到今日，大陆上的某些部落都认为海盗行为是一种壮举并引以为傲。古代的诗人经常在自己的诗篇中发问——刚刚抵达的航海者究竟是不是海盗。这就意味着那些被问的人不会否认,而发问的人也没有质疑海盗这一职业。内陆地区也常有海盗出没。在希腊的某些族群,如奥佐利亚罗克里斯人、埃托利亚人、阿卡纳尼亚人,以及大陆邻近地区的一些族群,这种古老的行为依然延续着。这些族群喜欢携带武器的传统也是源于他们古老的掠夺行为[①]。

古时候,所有希腊人都会携带武器。这是因为他们的房屋是没有防护的,与人的交往也是不安全的。这一习俗在某些地方一直延续至今。这也证明了携带武器的习俗曾经十分普遍。

雅典人是第一批放下武器、开始享受更自在奢华生活的人。在富裕阶层的某些老年人身上,依旧能够看见雅典人古典的服装样式。他们会穿亚麻布的内衣,用金色蚱蜢形状的发卡将头发从后面束起。同样的习俗也在爱奥尼亚的老年人中流行,而爱奥尼亚人的祖先也是雅典人。现在常见的、样式简单的裙子最初出现在斯巴达。在斯巴达,富人的生活方式进一步被普通人接受。斯巴达人首先在竞技训练中脱光衣服,将身上涂满油。但这并不是一种古老的习俗。起初,即便是在奥林匹亚比赛的时候,运动员也会在腰部佩戴束腰带。这个做法

[①] 历史学家使用的方法就是研究雅典原始不发达的族群,以获得那些发达族群早期的信息。目前对宗教、社会及其他文明元素的研究也会使用相同的方法。——原注

一直延续到很晚的时候，在蛮族人中依旧盛行，尤其值得一提的是亚洲的蛮族人。参加拳击和摔跤的士兵都会佩戴束腰带。许多蛮族保留的其他习俗都可能曾经在希腊出现过①。

后来，随着航海变得更加普及，财富慢慢积累，海岸边开始出现城邦，防御工事也得到了加强。各个半岛也都被人占领，并用墙隔离，目的是开展贸易，并防御周边部落的入侵。位于岛屿和大陆上的古老城镇，为了保护自己不受海盗的侵袭，都建在内陆。这些城镇一直保留到今天。那些海盗部落不仅会相互掠夺，还会洗劫所有生活在海岸边的部落。

我相信，阿伽门农之所以能够成功召集远征军②，是因为他是那时最强大的王，而不是因为海伦的求婚者受到他们自己与廷达瑞俄斯誓约的约束。根据最准确的伯罗奔尼撒的传说，起初珀罗普斯之所以能够获得权力，是因为他将自己的巨额财富从亚细亚带到了一个贫穷的国家。在这个贫穷的国家，珀罗普斯虽然是一个外来者，但得以用自己的名字命名这个国家。迈锡尼国王欧律斯透斯被赫拉克勒斯族人杀害之后，珀罗普斯的后代

---

① 希腊人着迷于人的躯体，认为躯体是高贵的，并喜欢观赏一丝不挂的肉体，尤其值得一提的是在运动中一丝不挂的肉体。在这一点上，东方人与希腊人形成了鲜明的对比。东方人认为暴露躯体让人看到是羞耻的。正是这种态度的不同使希腊人创造了属于自己的艺术。——原注
② 这里的远征军指希腊派出抵抗特洛伊的远征军。——原注

的财富变得越来越多。因为珀罗普斯的儿子阿特柔斯是欧律斯透斯的舅舅①,所以欧律斯透斯踏上远征之路时,他将迈锡尼的掌管权交给了阿特柔斯。欧律斯透斯再也没有回来。阿特柔斯因谋杀克利西波斯而被自己的父亲珀罗普斯驱逐。迈锡尼人因为害怕赫拉克勒斯族,所以迫切地希望强大又受欢迎的阿特柔斯来当国王。阿特柔斯顺利地登上了迈锡尼的王位,并接管了欧律斯透斯的其他领地。珀罗普斯家族因此战胜了珀尔修斯家族。

我相信,正是因为阿伽门农继承了强大的权力,同时因为阿伽门农是当时的海上霸主,所以他能够成功召集远征军。而其他王子追随阿伽门农,不是出于好意,而是出于恐惧。如果荷马说的属实,那么阿伽门农前往特洛伊的时候带去了数量庞大的船队,还为阿卡迪亚人提供了船队。在"权力交接"的时候,阿伽门农被形容为"阿尔戈斯和众多岛屿的国王"。但生活在大陆上的阿伽门农,除非掌握一定数量的海军,否则就只能统治那些邻近的、数量不多的岛屿。根据这次远征,我们可以合理地推测出以前其他远征的情况。

虽然迈锡尼是一个小地方,在我们现在看来,当时的许多村镇也都是不起眼的,但这并不足以证明此次远征的规模不及诗人们描述得那么庞大。假如斯巴达有一天荒芜了,只有神殿和建筑的地基被保留下来,后代肯

---

① 欧律斯透斯的母亲尼客佩是阿特柔斯的妹妹。——译者注

定很难相信这个地方曾经拥有过与它的名声相符的强大实力。拉栖第梦人占有伯罗奔尼撒半岛五分之二的土地，斯巴达不但在整个伯罗奔尼撒半岛上，而且在伯罗奔尼撒半岛以外许多同盟中都占据着领导地位。因为斯巴达城的设计是没有规则的，所以城内没有壮丽的神殿或建筑物，很像希腊一个古老破败的村庄。因此，斯巴达城的外表是不尽如人意的。如果有一天雅典发生同样的遭遇，雅典的废墟则会让人震惊，我们会认为雅典城邦的实力是雅典废墟展现的两倍。因此，我们应该根据一个城邦的实力而不是其外表来判断这个城邦是否真的伟大。我们有理由相信特洛伊远征的规模大于之前的任何一次远征，尽管——如果我们再一次参考荷马的言论——特洛伊远征与近代的远征规模是无法比拟的。荷马是一名诗人，所以可能夸大了某些事实。即便是在这种夸大之下，特洛伊远征的规模也是相对小的。荷马记载，船有一千二百条，每条彼奥提亚船上的水手是一百二十人，每条菲罗克忒忒斯船上的水手是五十人。这些数字应该是指各种船上载人量的最大值和最小值，否则为什么不提及其他船上人数的多少？

荷马在描述菲罗克忒忒斯船的时候说，船员既是船上的桨手又是弓箭手。除国王和最高官员外，船上不会有很多不是水手的人。这是因为船上的人必须携带全部军需，横跨大海，并且船上没有甲板，是仿照旧时海盗船的形式建造的。如果我们用最大船和最小船的平均人数来计算作战的总人数，考虑到这些人是在整个希腊范围内召集起来的，那么这次参战的人数算不上特别多[①]。

造成参战人数不足的原因不是缺少人，而是缺少钱。供给的缺乏限制了军队的规模，因为只有供给达到一定的数量，军队才能够维持在作战国家的生活。在希腊军队抵达特洛伊并获得胜利之后——希腊军队一定是打了胜仗，否则不可能在阵地周围修建要塞——希腊军队似乎也没有用全部军队作战。但希腊军队因为供给不足，在切尔松尼斯半岛的土地上耕作和劫掠。正因为希腊军队的分散，特洛伊人才整整坚持了十年的时间。特洛伊人有足够的力量对付当时仅有一部分在战场上作战的希腊军队。希腊人如果能够用全部军队连续不断地作战，而不是分散军队去劫掠和耕种土地，就会很容易获得胜利，攻占特洛伊。这是因为即使希腊军队不是全军作战，而是只利用一部分军队作战，尚且能够牵制特洛伊人，更何况希腊全部军队同时围攻。这样一来，希腊军队会在更短的时间内更容易地攻下特洛伊。事实上，以前的远征，因为缺乏资金，所以获得的战果都变得不起眼。特洛伊远征也是一样。虽然特洛伊远征比过去其他远征著名，但如果我们检查证据，就会发现，特

[①] 从这部分我们可以看出，修昔底德认为《伊利亚特》是真实的历史，只是在创作上适当地夸张。当代历史学家与修昔底德持相反的观点：认为《伊利亚特》中的人与事基本都是虚构的，但承认整个故事的核心应该是真实的。——原注

洛伊远征同我们的想象和诗人的描述都相差甚远。

特洛伊战争结束后，整个希腊仍然处在动乱和迁徙当中，没有和平发展的机会。多年之后，希腊军队终于从特洛伊回来。这带来了许多变化。几乎所有城邦都有党派斗争。那些因被流放而流亡的人建立了新的城邦。在特洛伊被攻陷后的第六十年，即公元前1123年，被色萨利人驱逐出阿恩的彼奥提亚人来到曾经叫卡德密斯的地方定居，现在这个地方叫彼奥提亚。之前，一部分人已经在彼奥提亚定居了，这部分人中有些参加了特洛伊远征。

二十年后，即公元前1103年，多利安人在赫拉克勒斯族的带领下占领了伯罗奔尼撒半岛。又经过了一段漫长的时间，整个希腊才安定下来。没过多久，这种平静结束了，希腊开始了殖民时代。雅典人殖民了爱奥尼亚及大部分岛屿，伯罗奔尼撒人殖民了意大利大部分地区、西西里岛及希腊的很多地方。所有这些殖民地都是在特洛伊战争结束后建立的。

——修昔底德《伯罗奔尼撒战争史》

●希腊殖民之后的克里特岛

选文描述了荷马时代克里特岛的民族构成。克里特岛上的克里特人和基多尼亚人是希腊人殖民之前克里特岛上的原始居民，也就是米诺恩人。皮拉斯基人是从色萨利殖民到克里特岛的。在荷马看来，色萨利是"皮拉斯基人的阿尔戈斯"。亚该亚人和多利安人都属于希腊人。虽然从古至今都有人相信上文说的多利安人直接来自色萨利，但更有可能的是他们来自伯罗奔尼撒半岛。

本段节选描述了印欧语系民族移民希腊之后、与当地人融合之前希腊某些地方的生活状况。

> 即使这样，我也会解答你们的疑问。有一个地方叫克里特岛。克里特岛土壤肥沃，四面环海，人们生活富足。克里特岛共有九十个城邦，居民数量庞大。人们使用的语言不尽相同，杂居在一起。克里特岛上生活着亚该亚人、心高气傲的克里特当地人[1]、挥舞着羽毛的基多尼亚人，以及优秀的皮拉斯基人。在所有的城邦中，最强大的就是克诺索斯。米诺恩在克诺索斯总共统治了九年的时间。米诺恩能够同伟大的宙斯对话，米诺恩是我父亲的父亲[2]，是克里特的丢卡利翁的父亲。
>
> ——荷马《奥德赛》

● 爱奥尼亚、多利安及伊奥利亚的殖民

在选文中，希罗多德参考了对小亚细亚各希腊城邦的基本状况、气候、土壤、风俗和传统的研究。希罗多德很有可能发现这

---

[1] 通常当地人都会以自己的血统为荣。——原注
[2] 说话者是《奥德赛》的主角奥德修斯。——译者注

类工作很大一部分已经被希腊散文作家完成了,尤其值得一提的是他最出色的前辈米利都的赫克特斯。希罗多德虽然正确描述了各种传统,但对这些传统的起源的解释似乎不总是正确的,如男女不同桌这一传统的起源。

　　拥有帕尼奥尼亚①的爱奥尼亚人有幸在我们知道的全世界气候和时令最优美的地区——爱奥尼亚建立了自己的城邦。在爱奥尼亚周边任何地方,无论是北方、南方、东方还是西方,都不像爱奥尼亚那样拥有得天独厚的优势。在其他地区,气候不是寒冷阴湿,就是炎热干燥,使人烦躁。爱奥尼亚人并非都说相同的语言。他们共有四种不同的方言。在南方,爱奥尼亚人的第一个城邦是米利都,其次是美乌斯和普里恩。这三个城邦都是卡里亚的殖民地,用的语言也是相同的。位于吕底亚的城邦是以弗所、科洛丰、列别多斯、忒欧斯、克拉佐曼纳、福西亚等。这些城邦的居民使用另一种相同的方言,与米利都、美乌斯和普里恩的语言是完全不同的。此外,还有三个爱奥尼亚城邦,其中两个在岛屿上,分别是萨摩斯岛和希俄斯岛,还有一个是在大陆上的埃利

---

① 帕尼奥尼亚是爱奥尼亚人祭拜海神波塞冬的一座神殿。它位于普里恩的米卡列海角。普里恩也是爱奥尼亚十二个城邦之一,这十二个城邦结盟以抵御外来入侵,尤其值得一提的是吕底亚人和波斯人的入侵。这种结盟关系是松散的,各城邦间还会爆发内战,或在外敌入侵时不能做到一致对外。——原注

色雷。希俄斯和埃律特莱亚使用的语言是相似的,而萨摩斯的语言是当地特有的一种语言。这样一来,爱奥尼亚的方言便有四种了。

在这些爱奥尼亚人中,米利都人没有受攻击的危险,因为米利都人已经缔结了和平条约。生活在岛上的居民根本不需要感到害怕①,因为善于航海的腓尼基人还没有臣服于波斯,而波斯本身不是一个海上民族。上述十二个城邦的爱奥尼亚人和其他爱奥尼亚人分离开来的唯一原因是:当时整个希腊十分弱小,而在所有希腊人中,爱奥尼亚人又是最弱小、最不受重视的。除雅典之外,没有一座比较像样的城邦。因此,其他爱奥尼亚人,甚至包括雅典人在内,都极力避免被称作爱奥尼亚人。现在看来,他们中的大部分人都是以爱奥尼亚人这个名字为耻的②。但上述十二个城邦以"爱奥尼亚"这个名字为傲,还给自己建造了一座神殿,叫"帕尼奥尼亚",并且规定不许任何其他地方的爱奥尼亚人使用"帕尼奥尼亚"。事实上,除士麦那人之外,也没有人要求过

---

① 当时的状况是居鲁士刚刚战胜了吕底亚人,正打算进攻海岸边的希腊城邦。——原注
② 希罗多德创作《历史》的时候正处于公元前5世纪下半叶,爱奥尼亚人的创造力与价值都大大减弱。因此,作为爱奥尼亚人的盟友,雅典人有理由耻于与爱奥尼亚人为伍。事实上,雅典人会把爱奥尼亚人当作自己的殖民者。雅典人不叫自己爱奥尼亚人的真正理由有两个:一是爱奥尼亚只有一部分血统与雅典人相同,爱奥尼亚人来自阿提卡以外的其他地方,与小亚细亚当地居民已经深度融合;二是"爱奥尼亚"一词似乎是起源于小亚细亚,向西沿用至阿提卡。——原注

进入帕尼奥尼亚①。

同样，五个城邦——曾经是六个城邦——的多利安人也不愿意周边的多利安人去阿波罗神殿。如果有人冒犯阿波罗神殿，这个人所在的城邦会被其他城邦排斥。例如，在竞技中会为胜利者颁发三角形的铜作为奖励。而规定是获得三角铜的人不能将奖品带出神殿，要将奖品献给神。但有一个来自哈利卡纳苏斯，叫阿伽西克列斯的人，在获胜后无视规定，将三角铜带回自己家挂了起来。正是因为这件事，其他五个城邦林都斯、雅丽索斯、卡米卢斯、科斯和克尼杜斯将第六个城邦哈利卡纳苏斯排斥在外，不允许哈利卡纳苏斯继续使用神殿②。

在亚细亚，爱奥尼亚人只建立了十二个城邦并拒绝继续扩大这个数目。在我看来，其原因是爱奥尼亚人住在伯罗奔尼撒时，他们是分成十二部分的，而驱逐了爱奥尼亚的亚该亚人也分成了十二部分③。从西锡安那一

---

① 士麦那人原本都是爱奥尼亚人，后来他们的城邦被伊奥利亚人占领了。——原注
② 哈利卡纳苏斯原本是一个多利安人城邦。公元前5世纪之前，哈利卡纳苏斯被严重爱奥尼亚化，甚至哈利卡纳苏斯的官方语言都是爱奥尼亚语。希罗多德就是哈利卡纳苏斯人，他写作使用的是爱奥尼亚语。这无疑就是希罗多德在家乡哈利卡纳苏斯学的。——原注
③ 希罗多德的看法是：在伯罗奔尼撒的北海岸，也就是当时的亚该亚，之前居住着爱奥尼亚人。而多利安入侵后，爱奥尼亚人被亚该亚人驱逐了出去。这些爱奥尼亚人最终来到了小亚细亚。认为"小亚细亚的爱奥尼亚人仿照伯罗奔尼撒北部的爱奥尼亚人建立十二座城邦"，是没有依据的。旧时，人们采用的组织架构通常与数学运算相关，通常数字三和四是比较重要的两个数字。——原注

端开始数起,有佩列涅、埃伊盖拉和埃伊伽埃。埃伊伽埃流淌着滔滔不绝的竞拉提斯河。意大利的克拉提斯河因此得名。此外,还有布拉、赫利凯①、埃吉翁、律佩斯、帕特列斯、帕列埃斯、流淌着佩洛斯河的欧列诺斯、杜美和特里泰埃斯。特里泰埃斯是唯一一个内陆城邦。以上是亚该亚的十二个城邦,之前它们属于爱奥尼亚。

因此,到达小亚细亚后,爱奥尼亚人便在小亚细亚建立了十二个城邦。如果认为这些爱奥尼亚人比其他爱奥尼亚人血统更纯正、更高贵,那就太愚蠢了。实际上,他们中的大部分是来自埃维厄岛的阿邦铁斯人。甚至在名字上,这些人和爱奥尼亚人都是风马牛不相及的。此外,还有与爱奥尼亚人血统融合的、来自奥科美那斯的米尼埃伊人,从各自城邦分裂出来的卡德密斯人、德律欧被司人和波奇司人、莫洛西人、阿卡迪亚的皮拉斯基人,以及埃皮达鲁斯的多利安人等部落。在爱奥尼亚人中间,那些来自雅典的普利塔内翁②、自认为拥有最纯正爱奥尼亚血统的人,到殖民地时带在身边的是被他们处死了父亲的卡里亚妇女。这些妇女发誓决不和自己的爱奥尼亚丈夫一同吃饭,也不称呼这些爱奥尼亚丈夫的名字,因为爱奥尼亚人杀了她们的父亲、原来的丈夫和儿子,然后又强行霸占了她们。这些妇女发誓遵守这条规

---

① 爱奥尼亚人被亚该亚人打败后逃往的地方。——原注
② 城市公共会堂,这里燃烧着城邦的圣火。——原注

定,并且把这条规定传给自己的女儿。这样的事情发生在米利都①。

此外,有一些人选择利西亚人,也就是希波洛科斯和格劳克斯的后代做自己的国王。有一些人选择皮洛斯的高加索人,也就是墨兰托斯的儿子科德罗斯的后裔做国王。还有一些人则选择拥有两方血统的王子。然而,因为这些爱奥尼亚人比其他爱奥尼亚人都重视自己的名字,所以我们不妨称他们为血统纯正的爱奥尼亚人。但事实上,所有爱奥尼亚人都有雅典血统,都会在阿帕图利亚节时举行庆典。②除以弗所人和科洛丰人之外,所有爱奥尼亚人都会庆祝这个日子。以弗所人和科洛丰人不过阿帕图利亚节是因为某些人犯了谋杀罪。

帕尼奥尼亚是米卡列北部的一个圣地,是爱奥尼亚人共同选定、为赫利凯的波塞冬建的。米卡列是大陆的一个海岬,它向西延伸到萨摩斯。爱奥尼亚人通常会聚集在米卡列,举行帕尼奥尼亚庆典。不只是爱奥尼亚人的庆典,所有希腊人的庆典都是以同一字母结尾的,就如波斯人的名字一样。③

以上就是爱奥尼亚的各城邦。伊奥利亚的城邦则有

---

① 在殖民过后的一段时间内,爱奥尼亚的社会状况与克里特及拉科尼亚十分相似,有贵族、农奴、男人的公餐及军事训练。这些事实帮助我们理解为什么男人与女人在餐桌上是分离的,这一习惯后来越发严重,造成了女性被孤立的倾向。——原注
② 阿帕图利亚节是爱奥尼亚民族的节日。——原注
③ 显然,这是被希腊的一个文法学家更改的。——原注

下列这些：库麦①、拉里萨、涅翁提科斯、铁姆诺斯、奇利亚、诺提昂、埃吉洛埃撒、皮特恩、埃伊盖伊埃、米利纳和古里涅阿。这些是伊奥利亚十一个古老的城邦。因为爱奥尼亚人夺走了士麦那，所以伊奥利亚在大陆上的城邦数量从十二变成了十一。伊奥利亚的土壤比爱奥尼亚的土壤更肥沃，但气候不像爱奥尼亚那样好。

伊奥利亚人失掉士麦那的经过是这样的：在科洛丰的内部冲突中，一些人失败并被自己的城邦流放。这些人在士麦那避难。士麦那人到城外庆祝酒神狄奥尼修斯节的时候，这些被流放的科洛丰人关上了城门，占领了士麦那。

不久，所有伊奥利亚人都赶到士麦那，企图夺回城邦。最终双方达成协议，爱奥尼亚人同意送回一切可动产，伊奥利亚人则放弃士麦那。被逐出的士麦那人分别去了伊奥利亚其他十一个城邦并都获得了公民身份。

除了艾达山上的城邦，以上就是大陆上的全部伊奥利亚城邦。这是因为艾达山上的城邦和其他城邦是分离的。至于岛上的城邦，莱斯沃斯岛上有五个城邦。岛屿上还有一个城邦叫阿里斯巴。阿里斯巴被麦提姆那人占领，尽管阿里斯巴人与麦提姆那人拥有相同的血统。忒涅多斯岛上有一个城邦。还有一个城邦位于百岛群岛。莱斯沃斯岛和忒涅多斯岛的居民同生活在岛上的爱奥

---

① 又称"普里科尼斯"。——原注

尼亚居民一样，并没有任何害怕的东西。其他城邦达成一致，无论何时何地都要听命于爱奥尼亚人。①

——希罗多德《历史》

●荷马时代的议事会和集会

下文所选片段是荷马对公共生活的生动描述。同时，所选片段还向我们传达了关于社会阶级和社会情感的信息。我们能够明显感受到国王的虚荣做作、国王的顾问们有过之而无不及的虚荣做作，以及国王及其顾问们对普通百姓的蔑视。我们也能从中了解到荷马时代宗教的本质。

所有神和驾驭战车的凡人已酣睡整夜，但宙斯不曾合上双眼。他在谋划如何使阿喀琉斯获得荣誉，并在亚该亚人快船边把成群的亚该亚人杀死。眼下，在宙斯看来，最好的办法是派遣险恶的"梦"去找阿特柔斯之子阿伽门农。宙斯对"梦"发号施令，让长了翅膀的话语飞向阿伽门农的耳畔："去吧，险恶的梦，快前往亚该亚人的快船，到阿特柔斯之子阿伽门农的营帐，把我的指令原原本本地告诉他。命阿伽门农即刻行动，把长发的亚该亚人武装起来。现在，他可攻破路面宽阔

---

① 在描述波斯人征服小亚细亚的希腊人之前，在所选片段中，希罗多德并没有描述希腊在小亚细亚的殖民地。"达成一致，听命于爱奥尼亚人"是指抵御波斯的办法。——原注

的特洛伊。奥林匹斯山的众神已不再为此事争吵。赫拉通过恳求已消除众神的分歧。悲惨的结局正等待着特洛伊人。"①

宙斯言罢,"梦"迅速来到亚该亚人的快船边,来到阿特柔斯之子阿伽门农的营帐,发现阿伽门农正躺在床上,被香甜的睡梦包裹着。"梦"悬站在阿伽门农的头顶,化作涅琉斯之子涅斯托耳。阿伽门农对涅斯托耳的崇敬甚于其他长者②。

"梦"开口发话:"聪明的驯马手、阿特柔斯的儿子,还在睡觉呀?一个运筹帷幄、肩负人们重托③、有这么多事情要关心处理的人,怎能熟睡整夜?因为我是宙斯的使者,所以现在请认真听我说,'宙斯虽然在遥远的地方,但十分关心你的情况,怜悯你的处境。宙斯命令你即刻行动,把长发的亚该亚人武装起来。现在,你可攻破路面宽阔的特洛伊。奥林匹斯山的众神已不再为此事争吵。赫拉通过恳求已消除众神的分歧。按照宙斯的意愿,悲惨的结局正等待着特洛伊人。你一定要记住,当你从甜美的睡梦中醒来,不要忘记这些话。'"

说罢,"梦"就离去了,留下独自思忖的阿伽门农,

---

① 宙斯行骗时从来都是不假思索的,而荷马时代的众神也都没有什么美德可言。——原注
② "长者"指阿伽门农议事会的各位成员。纵观《伊利亚特》,我们可以发现,涅斯托耳是议事会中很多提案的发起者。——原注
③ 此处我们可以看出国王是神圣的。通过后文我们可以知道,国王是宙斯特殊关照对象。——原注

思考着"梦"传来的话。因为就在当天,阿伽门农打算攻下普里阿摩斯的城邦特洛伊。阿伽门农怎么可能知晓宙斯内心的打算。阿伽门农怎么会知道,宙斯已谋划要让特洛伊人和亚该亚人相互拼杀,一起承受悲痛和磨难。阿伽门农从睡梦中苏醒,神的声音回响在耳边。阿伽门农坐起来,套上松软的长袍,裹上硕大的披篷,穿上舒适的鞋,挎上柄部镶着银钉的剑,拿起象征永恒权力的权杖,起身前行,身边是身披铜甲的亚该亚人的海船。

此时,黎明女神已登上高高的奥林匹斯山,向宙斯和众神报告白天的到来。阿伽门农命令使者召唤长发的亚该亚人集合。使者们奔走呼号,人们很快集合起来①。

首先,在涅斯托耳的船边,议事会②胸怀大志的长者们见了面。阿伽门农把长者们召集到一起,提出了这个诡计:"听着,我的朋友们!在我熟睡之际,神圣的梦幻穿过美妙的夜晚来到我的身边。从容貌、体型和身材来看,都像极了优秀的涅斯托耳。他悬站在我的头上,对我说:'聪明的驯马手、阿特柔斯的儿子,还在睡觉呀?一个运筹帷幄、肩负着人们的重托、有这么多事

---

① 此处表现荷马时代聚集民众的方法。在通常情况下,士兵会参加集会。但有时船上的工人也会参加集会。事实上,这并不是荷马时代特有的。——原注
② 此处描述了议事会长者们的召集和十分简要的会议流程。其他会议将一直持续到所有人对提案不再有任何异议。会议中不存在少数服从多数的情况。——原注

情要关心处理的人，怎能熟睡整夜？因为我是宙斯的使者，所以现在请认真听我说，宙斯虽然身在遥远的地方，但十分关心你的情况，怜悯你的处境。宙斯命你即刻行动，把长发的亚该亚人武装起来。现在，你可攻破路面宽阔的特洛伊。奥林匹斯山的众神已不再为此事争吵。赫拉通过恳求已消除众神的分歧。按照宙斯的意愿，悲惨的结局正等待着特洛伊人。当你从甜美的睡梦中醒来，不要忘记这些话。'梦幻言罢便飞走了，甜蜜的睡眠就此结束了。行动起来吧，看看我们能否把亚该亚人武装起来。但首先，我要试探一下他们是否适合参战。我会命令他们踏上海船，启程归返。到时候，你们要站在自己的位置上，以便发号施令，让他们返航。"

阿伽门农说完便坐下，随后皮洛斯国王涅斯托耳站了起来。涅斯托耳满怀善意地说道："朋友们，阿尔戈斯人的首领和统治者们。如果是其他亚该亚人告诉我们这个梦，我们或许会认为它是谎言，不会在意它。但现在，目睹此事的是那位自称最有权力的亚该亚人。行动起来吧，看看我们能否把亚该亚人武装起来。"

说罢，涅斯托耳带头离开商议的地点。其他首领们同涅斯托耳一起起身，跟随着涅斯托耳的脚步。他们身后紧跟着熙熙攘攘的人群。① 熙熙攘攘的人群如同大群

---

① 集会正式开始了。毋庸置疑，起初希腊各个城邦的集会都是这样不正式的。——原注

的蜜蜂，一股接着一股地从空心的石头中冲出来，四处飞舞，成群结队地簇拥在春天的花丛周围。就像这样，来自不同族群的人涌出营帐和海船，在宽阔的海滩上行进，走向集会的地点。在人群中，宙斯的使者鲁莫尔像火苗似的活跃着，督促着人们快速前进。最终，人们聚集起来，会场充斥着喧嚣与骚动。九位使者高声呼喊，忙着维持秩序，要求人们停止喧闹，静听他们的国王——宙斯之子①——的训告。终于，好不容易，人们坐下了，喧嚣停止了。高大的阿伽门农站了起来，手握火神赫菲斯托斯精心铸造的权杖。赫菲斯托斯把权杖交给了克罗诺斯的儿子宙斯，宙斯又将权杖转交给了百眼巨人阿耳戈斯的屠杀者，同时是众神使者的赫尔墨斯②。赫尔墨斯将权杖交给了驾驶战车的珀罗普斯，珀罗普斯又将权杖交给了士兵的统帅阿特柔斯。阿特柔斯死后，权杖传到儿子梯厄斯忒斯手中。梯厄斯忒斯又把权杖传给了阿伽门农。阿伽门农凭借权杖，统治众多海岛和整个阿尔戈斯。③当时，阿伽门农手握权杖，对聚集在他面前的阿尔戈斯人说道：

"朋友们，亚该亚的勇士们，阿瑞斯的随从们！克

---

① 这些人包括最高统治者阿伽门农和议事会的议员。他们都是王者，都受到神的庇护。——原注
② 该词的意义是不确定的。它指的应该不是"阿尔戈斯的屠杀者"，而是"出现在光明之中"。——原注
③ 权杖的历史进一步说明了阿伽门农王权的神圣起源。——原注

罗诺斯之子宙斯用无知的灵魂将我束缚了起来。宙斯就是这般铁石心肠。先前，宙斯曾点头答应，在攻打防守坚固的伊利奥斯后，让我启程返航。现在，我才知道，这是宙斯精心策划的阴谋诡计。宙斯要我折损众多的兵将后不光彩地返回阿尔戈斯。在我看来，这一切都让强大的宙斯心花怒放。在此之前，宙斯已经摧毁了许多城市，今后还会继续摧毁，毕竟他拥有最强大的力量。这种事情让后代听到，也是耻辱——亚该亚这么雄赳赳、庞大的军队，竟然徒劳地打了一场无用的仗。面对数量不足的敌人，战事旷日持久。如果双方愿意，亚该亚人和特洛伊人可以立下庄重的停战誓约，清点双方人数，以所有生活在特洛伊的居民计数，亚该亚人以十人为一组，每组亚该亚人挑选一个特洛伊人斟酒。结果，斟酒的特洛伊人已被挑完，亚该亚人还剩余了很多组。因此，我认为，在人数上，亚该亚人压倒了特洛伊人。但特洛伊人有多支来自其他城邦的盟军，甚至还有手拿长矛的勇士。勇士抵挡着我的进攻，使我无法实现愿望——横扫伊利奥斯这个人口稠密的城邦。九年过去了，海船的木板已经腐烂，装备已经耗尽。在遥远的故乡，我们的妻子和孩子殷切地期待着我们的归来。但任务尚未完成，所以我们在此集结。来吧，按我说的做！让我们登船返航，回到我们热爱的故乡。我们永远无法拿下路面宽阔的特洛伊！"

一番话振奋了全体士兵的精神，整个会场沸腾了起来，就像从天父宙斯控制的云层里冲下来的东风和南风，在伊卡里亚海的海面上掀起了滔天巨浪。又宛如阵阵强劲的西风，呼喊咆哮着扫过一大片稻田，吹得庄稼低下了头。集会上的人瞬间散开，呼喊着朝海船跑去，踢起纷飞的泥尘。人们协力抓住船体，想要将船拖入海中。人们清出船的下水滑道，喊叫之声响彻云天。士兵们归心似箭，动手搬开船底的挡塞。

当时，阿尔戈斯人很可能冲破命运的束缚，实现回家的愿望。突然，赫拉发话了。赫拉对雅典娜说道："宙斯的女儿，不知疲倦的少女，快点行动吧。阿尔戈斯人真的要跨过浩瀚的大海逃回他们亲爱的家园了。他们要把阿尔戈斯的海伦丢给普里阿摩斯和特洛伊人，使特洛伊人有炫耀的资本。为了海伦，多少亚该亚人死在了远离故乡的特洛伊。现在，你要前往身披铠甲的亚该亚人中间，用轻柔的话语劝阻所有人，让他们不要将船拖入大海。"

赫拉言罢，双眼炯炯有神的女神雅典娜遵从命令，急速出发，从奥林匹斯山顶俯冲而下，迅速来到亚该亚人的船边。雅典娜发现与宙斯一样擅长谋略的奥德修斯此刻正站在那里。奥德修斯并没有动手拖船，因为悲伤正在侵蚀着奥德修斯的心灵。雅典娜站在奥德修斯的身边，开口说道："拉厄耳忒斯之子，神的后裔，足智多谋的奥德修斯，你真的要把自己扔上船，然后逃回你热爱的家园吗？如此一来，你们就把阿尔戈斯的海伦丢在了普里阿摩斯,让给了特洛伊人,使特洛伊人有炫耀的资本。为了海伦,多少亚该亚人死在了远离故乡的特洛伊。别再犹豫了,快前往亚该亚人中间,用轻柔的话语劝阻他们,不要让他们将船拖入大海。"

雅典娜一番告诫,奥德修斯听到女神的声音,马上跑开,甩掉披篷。披篷被跟随左右的伊萨卡使者欧律巴忒斯接了过去。奥德修斯跑到阿特柔斯之子阿伽门农的面前,从阿伽门农手中抓过象征着永恒权力的权杖,然后行走在亚该亚人的海船当中。

每当遇见某位首领或有身份、有地位的人,奥德修斯就会止步,用轻柔的话语进行劝诫①:"我的朋友,我不会把你当作胆小鬼恐吓你,但你自己应该坐下来,同时让你的民众也坐下来。你还没有真正弄懂阿特柔斯之子阿伽门农的用意。阿伽门农在试探你们。用不了多久,他便会攻击亚该亚人的儿子们。我们不都听到了集会上阿伽门农讲的话吗?但愿阿伽门农不会怒火攻心,损伤军队的元气。因为对天选的国王来说,骄傲是他们的灵魂所在。他们的荣誉得自宙斯,他们享受着宙斯的回馈。"

然而,奥德修斯看见喊叫的普通士兵时,便会用权杖击打他们,并严厉地斥责道:"还不给我老老实实地坐下,听从那些比你们厉害的人的命令。你们才不是什

---

① 奥德修斯对首领和普通人态度的对比。——原注

么士兵,而是懦夫。无论在战场上,还是议事会上,你们都一无是处。亚该亚人绝不可能个个都成为王。太多的王可不是件好事。这里只应有一个统治者,一个王,那就是克罗诺斯之子、宙斯指派的王——阿伽门农。"

就这样,奥德修斯巧妙地分类管理了军队。众人又匆忙从船和营帐回到集会地点,发出的噪声如惊涛骇浪般拍向岸边。

此时,所有人都在会场坐下了,只有一个人还在喋喋不休,他就是塞西特斯①。塞西特斯满嘴胡言乱语、颠三倒四,和首领们徒劳地争辩着。但塞西特斯只是为了逗笑这些阿尔戈斯人。在攻打伊利奥斯的所有人中,塞西特斯是最不受人待见的。只见塞西特斯两腿弯曲,跛着一只脚,双肩前耸,挤在胸前,脑袋架在肩上,头顶稀稀拉拉地长着几撮头发。塞西特斯最憎恨的就是阿喀琉斯和奥德修斯。这两位首领始终是他辱骂的目标。但现在,塞西特斯把自己的指责统统抛向阿伽门农。这极大地冒犯了亚该亚人,激起了亚该亚人的愤慨。但塞西特斯还是大声叫喊着,辱骂着阿伽门农:"阿特柔斯之子阿伽门农,你现在还有什么得不到的呢?你的营帐里一定是堆满了青铜,还有成群的美女。每当攻陷一座

---

① 塞西特斯是一个普通士兵。普通士兵虽然并没有被禁止在集会上讲话,但必须表达对贵族的尊重。塞西特斯未能做到这点,所以受到了惩罚。——原注

城，我们亚该亚人就选择最好的战利品奉献给你①。难道你还想要黄金吗？擅长驯马的特洛伊人会用黄金来赎回某个亚该亚人俘虏的特洛伊人的儿子。又或者你想要得到某个年轻的女子，然后据为己有吗？作为统帅，你不能因此让亚该亚人经受战争的磨难！懦弱的傻瓜，卑鄙的家伙！你们不配当亚该亚的男人！让我们驾船回家，把阿伽门农这个家伙留在特洛伊，任他纵情享受战利品。这样一来，阿伽门农才会意识到我们的作用和我们之前对他的帮助。现在，阿伽门农已经侮辱了比他优秀的阿喀琉斯，夺走了阿喀琉斯的那份战利品，据为己有。然而，阿喀琉斯没有怀恨在心，而是采取了宽容的态度。否则，阿特柔斯之子阿伽门农，这将是你最后一次横行霸道。"

塞西特斯就这样辱骂着士兵的统帅阿伽门农。此时，奥德修斯走到塞西特斯面前，愤怒地望着他并大声呵斥道："塞西特斯，你的话简直是一派胡言！住嘴吧，不要企图抵抗王者。在跟随阿特柔斯之子阿伽门农来到伊利奥斯的士兵中，我相信你是最卑鄙的一个。因此，你不要对王者评头论足，对他们出言不逊，也别妄想返航。我们无法预测战事的结局，我们也无法知晓亚该亚人踏上归途是对还是错。然而，你坐在这边，痛骂阿特

---

① 在获得胜利的时候，集会上的士兵有权瓜分战利品，并把一部分分给统帅。——原注

柔斯之子、士兵的统帅阿伽门农，只因亚该亚人的勇士们给了阿伽门农许多战利品。我还要警告你，相信我，它将成为现实：我如果再次发现你像刚才那样胡说八道，却不抓住你，剥了你的衣服、你的披篷和遮掩光身的衣衫，然后狠狠地把你打出集会的场地，我就脑袋搬家。从此以后，再也不要叫我忒勒马科斯的父亲。"

奥德修斯说罢便拿起权杖，狠狠打在塞西特斯的脊背和双肩上。塞西特斯佝偻着身子，豆大的泪珠顺着脸颊滴淌。金铸的权杖之下的背部隆起了一条带血的伤痕。塞西特斯畏缩着坐下，满身伤痛，无助地望着周围，然后抬手抹去了眼泪。周围的人虽然心生怜悯，但又都轻松地笑着。一个人对着身旁的伙伴说道："奥德修斯曾经做过数不尽的好事，出谋划策，编组战阵。但今日之事是奥德修斯有史以来做过的对阿尔戈斯人最好的一件事。他让这个满嘴胡言的骂人者闭嘴了。从今往后，这个自以为是的灵魂将再也不敢恶意中伤我们的王了。"

众人如此一番说道。这时，摧城勇士奥德修斯手握权杖站了起来，他的身边站着雅典娜。雅典娜以使者的模样出现，命令人们保持肃静，以使坐在前排和末排的亚该亚人都能听到奥德修斯讲话，留心他的忠告。怀着对众人的善意，奥德修斯慷慨陈词道："阿特柔斯之子阿伽门农，尊贵的王者，现在，你的士兵正试图在所有凡人面前使你丢脸。他们不会兑现当年从阿尔戈斯行军时做的承诺，也就是在血洗伊利奥斯之前保证决不还家。而现在，他们像孩子和寡妇一样哭喊着想要回家。唉，他们带着沮丧的心情回家，也是痛苦的。任何出门在外、远离妻子的人，因受阻于冬日的强风和汹涌的海浪而不能前行时，不出一个月，便会心烦意乱、坐立不安。而我们，我们已在此挨过了九个年头。因此，我并不会对那些在船边烦躁不安的亚该亚人感到诧异。尽管如此，我们已经等待了这么长时间，如果两手空空地回去，总是件丢脸的事儿。再坚持一下，我的朋友们，直到我们弄清楚卡尔卡斯究竟是不是真的预言家。我们都还清楚地记得那段往事，你们大家，每一个死神尚未摄走灵魂的人，也都是亲身经历过那段往事的人。那段往事就像发生在昨天或前天。当时，亚该亚舰队正聚集在奥利斯，准备送给普里阿摩斯和特洛伊人一个大麻烦。在一眼泉水的边沿，一棵挺拔的松树下，清湛的水面闪着粼粼波光。当我们在神圣的祭坛上，用祭品奠祀众神时，一个重要的预兆出现在我们眼前。奥林匹斯的神亲手丢进人间的、一条可怕的、背上带着血痕的长蛇，从祭坛下爬了下来，朝着松树猛冲过去。树上有一窝嗷嗷待哺的麻雀，鸟巢筑在最高的枝上。叶片下，共有八只雏鸟，第九只鸟是雏鸟的母亲。蛇把叽叽喳喳的幼鸟尽数吞食，雌鸟在周围振翅盘旋，为孩子们哀号着。雌鸟靠近的时候，长蛇盘起身子，迅猛出击，钳住雌鸟的翅膀。最后长蛇吞食了雏鸟和它们的母亲。之后，那位送蛇前来的神把蛇化作一座碑。足智多谋的克罗诺斯之子宙斯把蛇变成了石头。望着眼前发生的一切,我们震惊不已。当那个可怕预兆之物落入祀神的祭坛后,卡尔卡斯立刻卜释出神的旨意并开口说道:'长发的亚该亚人,你们为什么要沉默不语呢?足智多谋的宙斯已向我们展示了一个重要的预兆。这个预兆将在以后实现,荣光永不消失。长蛇吞食了麻雀和它的雏鸟,一共九只。而我们也将在特洛伊苦战九年。到第十年,我们将攻克这个路面宽阔的城市。'这便是预言家卡尔卡斯做出的解释。现在,这一切正在一步步变成现实。振作起来,铠甲坚固的亚该亚人,让我们坚持下去,直到攻克特洛伊这个伟大的城市!"

奥德修斯言毕,阿尔戈斯人发出震天的喊声。他们赞扬着天神般的奥德修斯,声音在身边的海船中回响着。这时,英勇的涅斯托耳开口说道:"耻辱啊!看看你们在集会上的表现吧,简直像一群愚蠢的小男孩,对战事一窍不通!我们签订的协议和立下的誓言怎么办呢?那些磋商、那些勇士、那些用来祭奠的酒、那些因为友谊而紧握的右手,把它们统统扔进火里吧。我们现在只能徒劳地争吵,找不到任何解决问题的办法,即便我们已在此挨过了漫长的时光。阿特柔斯之子阿伽门农,你要像往常一样坚强,坚定不移地率领阿尔戈斯人冲向残酷的战场!至于那一两个打算逃走的亚该亚人,让他们自取灭亡好了。连宙斯的承诺究竟是真是假都弄不清楚，就匆匆跑回阿尔戈斯，他们将一无所得。我要告诉你们，早在我们踏上海船、准备给特洛伊人送去死亡和毁灭的那一天，强大的克罗诺斯之子宙斯就已对我们许下承诺。宙斯把闪电打在我们的右方，这是一种吉祥的征兆。我们承受了战争的痛苦和挣扎，在没有和特洛伊人的妻子睡觉之前，谁也不要急急忙忙地起程回家。这也是为了海伦。但如果有人发疯似地想要回家，那么只要他将双手搭上船，便会在众目睽睽之下惨死暴亡。而你，我的王啊，也应谨慎行事，多聆听别人的建议。我说的这些话，你可不要置之脑后。阿伽门农，按照部落或氏族编排你的士兵们吧。这样一来，部落和部落之间、氏族和氏族之间就能够相互帮助了。①如果你能这么做，并且亚该亚人听从你的命令，你就能看出在首领和士兵中谁是真正的勇士，谁又是胆小鬼，因为在作战时，会体现出他们各自属于哪一类别。你也可以进一步得知，特洛伊久攻不下，究竟是天意，还是士兵的无能。他们可能根本不擅长作战。"

阿伽门农这样回应了涅斯托耳："老人家，说得好！在争辩中，你又一次战胜了亚该亚人。啊，父亲宙斯、雅典娜、阿波罗，亚该亚人中要是有十个如此杰出的谋士，普里阿摩斯的城市，即特洛伊，将马上臣服于我们，

---

① 这种按照部落和氏族编排军队的方式无疑是原始希腊军队的编排方式。后来，氏族从军队中消失了。但在许多城邦——如雅典，部落一直保存到了最后。——原注

被我们占领、摧毁。然而，克罗诺斯之子、带着神盾的宙斯给我带来了苦难，让我陷入徒劳的、无力的挣扎。我和阿喀琉斯竟然为了一个姑娘恶语相向，而我还率先大发雷霆。如果我们两个能齐心协力，那么特洛伊人就不会有片刻喘息的机会。一刻也没有！现在，回去填饱肚子，以便重新开战。大家要磨快长矛，备好盾牌，喂饱战马，仔细检查战车，认真做好战斗准备，我们的战斗可能会持续整天。战争不会停息片刻，只有夜色的降临才能将双方愤怒的士兵分开。每一个士兵身上绑着盾牌的肩带都被汗水浸透，拿了一天武器的双手已经没有一丝力气，拖着锃亮的战车奔跑的战马也都累得大汗淋漓。如果我发现有任何人试图逃避战斗，藏身鸟嘴状船头的船旁，那么等待着他的将是狗和猎鹰的利爪。永远都别想逃脱。"

阿伽门农发言结束，阿尔戈斯人中发出震天的呼声，犹如被直下的南风激起的巨浪，撞击在陡峭的岩壁上。突兀的岩石，永远是海浪扑击的对象，而去向不同的疾风，此时亦兴波助浪，有的来自这片海面，有的扫往那个方向。众人匆忙站立，纷纷走回海船。[①]他们在营帐边点起炊火，填饱了肚子。每人都祭祀过一位不死的神，求神保佑自己能够躲过死亡和战争的煎熬。阿伽门农杀死了一头肥壮的、五岁的公牛，献祭给克罗诺斯之

---

① 这就是诗中荷马对集会的完整描写。——原注

子宙斯。阿伽门农还召集了军队的长者们和亚该亚人的王子们，有涅斯托耳、克里特的伊多墨纽斯、大埃阿斯、小埃阿斯、堤丢斯之子狄俄墨得斯、同宙斯一样擅长谋略的奥德修斯。在战场上呐喊的墨涅拉俄斯不请自来，因为他心中明白自己的兄长阿伽门农是多么辛苦。这些人围着公牛站定，抓起大麦。阿伽门农站在众人当中祈祷："最伟大、最光荣灿烂的宙斯啊，雄居天空的乌云之神，我们求你保佑：不要让太阳沉落，不要让黑暗降临，直到我摧毁普里阿摩斯的宫殿，一把火烧宫殿大门。然后撕碎赫克托耳的衣衫，把剑刺入他的胸膛。还有赫克托耳身边的许多伙伴，我要把他们打翻在地，让他们满嘴啃泥。"

阿伽门农如此一番祈祷。但宙斯并不会马上兑现自己的承诺。宙斯收下祭礼，却加剧了人们的痛苦。

众人做过祈祷，撒过祭麦后，抬起了牛的头颅，割断喉管，剥去皮，然后剔下腿肉，用油脂包裹腿骨，叠成双层，把小块的生肉置于最上面。他们把肉包放在摘下枝叶的、劈开的木块上焚烧。取出牛的内脏，悬置在火神赫菲斯托斯的柴上烧烤。在焚祭过牛腿，品尝过内脏之后，他们把剩下的部分切成小块，用叉子挑起来仔细炙烤，放在一边留作备用。一切准备完毕，盛宴开始，人们胡吃海喝。每个人都能吃到充足的食物。众人酒足饭饱之后，英勇的涅斯托耳开口说道："阿特柔斯之子，最高贵的王者，众人之王阿伽门农，让我们不要在这里长篇大论，也不要继续耽搁神交给我们的使命。行动起来吧，让亚该亚人的信使招呼大家聚集在海船的周围。让我们一起行进在亚该亚人宽敞的兵营中，以更快的速度挑起战争。"

涅斯托耳如此建议。民众的王者阿伽门农采纳了他的建议，并马上命令那些嗓音清亮的使者召呼长发的亚该亚人投身战斗。信使奔走呼号，亚该亚人的队伍很快集合起来。首领们、宙斯哺育的王者们及阿伽门农迅速将队伍整顿好。雅典娜带着神圣的、永恒的盾牌站在他们中间。盾牌边沿飘舞着一百条纯金制成的流苏。流苏的做工非常精致，每条的价值都抵得上一百头牛。雅典娜带着盾牌穿梭在亚该亚人中间，督促他们奋勇向前。雅典娜激发起每个士兵战斗不止的力量和勇气。顿时，在这些士兵的心中，战斗比驾船回家更令他们感到甜蜜。就如一把火点燃了山顶的整片森林，从远处都能看见耀眼的火光。士兵们雄赳赳地向前行进着，数不清的青铜铠甲发出耀眼的光芒。光芒穿过天空，直指苍穹。

宛如栖息在考斯特里俄斯河边亚细亚草地上的、不同种类的水鸟，有野鹅、鹤和长脖子的天鹅，它们展开翅膀从一边飞向另一边，伴随着一声声鸣叫，它们飞回岸边栖息，整片草地上都回荡着它们的叫声。来自各个族群的士兵从海船和营帐中蜂拥而出，来到斯卡曼得罗斯平原。士兵和战马走过的声音，在大地上发出阵阵回响。他们站在开满鲜花的斯卡曼得罗斯平原上，人数众多，就如春天的树叶和鲜花般数不胜数。

正如在暖春的农场，新鲜的奶充满奶桶的时候，成群的苍蝇会在农场周围飞来飞去，和苍蝇同等数量的亚该亚人聚集在斯卡曼得罗斯平原上，面对着特洛伊人，渴望将特洛伊人一撕两半。就像有经验的牧羊人能够轻而易举地分离聚集在草地上的山羊一样，军队的首领们运用调兵遣将之术，将不同的人派遣到不同的地方，并且做好战斗准备。站在士兵中间的是阿伽门农，他的头颅和双眼宛如喜欢雷霆的宙斯。他有着阿瑞斯的腰身、波塞冬的胸膛。阿伽门农正如牛群中体格最健壮的公牛，以伟岸的身姿独领风骚。那一天，在全军之中，宙斯让阿特柔斯之子阿伽门农以伟岸的身姿出现，其他首领及英雄都黯然失色。

——荷马《伊利亚特》

●阿喀琉斯的盾牌及上面雕刻的生活景象

在女神忒提斯的要求下，技艺精湛的工匠火神赫菲斯托斯为她的儿子阿喀琉斯铸了一面盾牌，并在上面装饰了许多生活场景的图画。

从前，人们认为荷马式的创作完全是虚构出来的。但对迈锡尼、特洛伊、克诺索斯及克里特其他地区的研究发现，在荷马时代之前就出现了加工及装饰金属的技术。这些发现是我们意料之外的。我们现在可以确认荷马对艺术品的描述是有事实依据的。

当然，我们不会认为荷马对某件特定艺术品，如这里描述的这面盾牌，十分了解。但在很多方面，荷马对盾牌的描述都是真实的。

同样，盾牌上雕刻的生活场景源自荷马生活的那个时代，是真实的，但被荷马这位有创造力的诗人美化了。

言罢，赫菲斯托斯离开忒提斯，朝着风箱走去。赫菲斯托斯把风箱对着炉火，发出干活的指令。共计二十个风箱对着坩埚吹气，从各个方向喷出热风，积极配合赫菲斯托斯，为他效力，有条不紊地工作着。赫菲斯托斯把坚韧的青铜丢进火里，然后是锡块及贵重的黄金和白银。接着，赫菲斯托斯把巨大的砧块搬上平台，一手抓起沉重的铁锤，一手拿着钳夹。

赫菲斯托斯首先铸盾牌。盾牌硕大、坚固，缀满饰品。盾牌边缘的纹理共分为三层，闪出熠熠的光泽，映衬着纯银的背带。盾身共有五层褶皱。赫菲斯托斯在盾牌上倾注了自己的技艺和匠心。

赫菲斯托斯在盾牌上铸出了大地、天空、海洋、不知疲倦的太阳和盈满的月亮及装点苍穹的众多星座，如金牛星座、猎户星座及大熊星座等。人们亦称大熊星座为"北斗七星"。北斗七星总在自己的地方旋转，遥望着猎户星座。在所有星座中，只有大熊星座从不改变位置。

赫菲斯托斯还在盾牌上铸出了两个凡人生活的城市。一个城市中是婚礼庆典的场面，伴随着火把发出的耀眼的光，人们把新娘引出闺房，穿过城市，新婚的旋律响彻天空。长笛和六弦提琴的声音此起彼伏。伴随着旋律，小伙们旋转扭动。女人们都站在自家门前，投出惊赞的目光。大批人聚集在集会的场所。集会的场所正在发生一场冲突，两个人在争论着杀人的赔偿。一人向围观民众解释自己已经支付了全额的补偿金。另一人否认了这种说法，称自己什么也没有收到。双方都希望能够求助仲裁人，让仲裁人做出最后的裁决。围观民众的意见也出现了分歧，有的为一方说话，有的为另一方辩解。使者们维持着民众的秩序。长老们坐在光滑的石头上，围成一个圈，手中握着使者们递来的法杖。然后，众长老依次站起身，面对大众给出自己的判断。长老们的中间放着两个塔兰特①的黄金。黄金将奖给最公正的审判者②。

在另一个城市周围，聚集着两支全副武装的军队。有两个计划，都得到了不同人的支持。一个计划是将整个城市洗劫一空，另一个计划则是同城市里的市民们和平共处，共享城市内的各种物资。与此同时，城内的

---

① 古希腊质量单位。当用作货币单位时，一塔兰特是指重一塔兰特的贵金属。——译者注
② 我们注意到法庭是由长老组成的，不包括国王。交给长老裁决的案件与犯罪无关，而是有关财产的争论。长老将依次给出自己的观点，而民众会对他们的演讲喝彩。收到最多喝彩的长老会被认为是最有智慧的。这就是民众审判的萌芽。这里说的塔兰特比后来的阿提卡塔兰特的价值要小得多。——原注

民众并没有屈服。他们已经武装起来，做好抵抗的准备。女人、年幼的孩子们与老人一起守卫着城墙。青壮年们前往第一线。率领青壮年的是阿瑞斯和雅典娜。两个神都身着黄金浇铸的铠甲，全副武装，威风凛凛，在凡人组成的人群中显得越发高大。他们来到理想的伏击地点——河边的一片沼泽，牲畜饮水的地方，然后驻扎在这里。他们派出两名侦察兵，来到一定距离外的地方，观察着牛群和羊群的到来。这时，牛群和羊群出现了，后边还跟着两名吹笛的牧人。两人对前方的埋伏一无所知。斥候见状立马冲了上去，阻断了牛群和羊群前行的道路，并杀死了两名牧人。围城的士兵听到牛群和羊群中传来的喧嚣声，便迅速骑马赶来。战斗就这样打响了。两军在河岸上交锋，用铜头的长矛相互攻击。"搏斗"和"混战"进入人群中，还有致命的"死亡"。"死亡"抓住一个刚刚受伤的人，又逮着一个不曾受伤的士兵，然后拎起一具尸体的脚，拖着前行。在"死亡"衣服的双肩浸染着士兵的鲜血。众神冲撞扑杀，像凡人一样战斗，争抢被别人杀戮的尸体。

赫菲斯托斯还在盾牌上铸了一片刚刚开垦过的耕地，富饶又广袤，共耕过三遍。在田野中，众多犁手驾着牛轭来来回回地走着。每当犁手犁至地头，准备返回之际，就会有人跑上前去，为他们端上一杯香甜的酒。犁手们沿着垄沟转过头来，盼望着犁过深广的沃土，到达另一头。他们身后的泥土呈现出黝黑的颜色。虽然盾牌是由黄金锻造的,但那土地看起来真的像翻耕过似的。这就体现了赫菲斯托斯的精湛技艺。

赫菲斯托斯还铸出一片国王的私有领地。在国王的私有领地,农夫正手拿镰刀进行收割。庄稼被一堆堆地放在地上,另一些则由捆秆者用草绳扎绑。一共站着三位捆秆者。他们后面跟着收集谷物秆的男孩们,时不时地将谷物秆交给捆绑的农人,忙得不亦乐乎。国王一言不发地站在人群当中,内心无比欢喜。远处,在橡树的下方,国王的随从们已经准备好了丰盛的宴席。随从们宰杀了一头牛,此刻正忙着准备。同时,妇女们准备好用大麦做成的食物,作为收割者的晚餐。

赫菲斯托斯还用黄金铸出一个结满果实的葡萄园。成熟的葡萄紫得发黑,葡萄藤缠绕依附在银质的杆架上。在葡萄园四周,赫菲斯托斯还用暗蓝色的珐琅抹出一道渠沟,并在外围用白锡造出了栅栏。通向葡萄园的小路只有一条。每到采摘的季节,果农们便由这条小路进入果园采摘葡萄。姑娘和小伙将甜美的葡萄放入用柳条编织的篮子,果园中洋溢着年轻人的欢乐。在他们中间,一个男孩用声音清脆的竖琴弹奏着迷人的曲调,用他那温柔的嗓音演唱着"利诺斯的歌"[①]。其他人则随着音乐和歌声的节奏整齐划一地舞动着。

赫菲斯托斯还用黄金和白锡铸出一群长有笔直牛

---

① 可能是悲叹夏日逝去的歌曲。——原注

角的壮牛。伴随着低沉的吼叫声,牛群冲出牛栏,来到小河边的一片草地上。草地旁边是一片飘摇的芦苇丛。一共四位用黄金打造的牧人,跟在牛群之后行走着。他们身后则跟着九条速度飞快的猎狗。但突然有两头凶狠的狮子闯入牛群,咬住了走在牛群前方的一头公牛,并奋力把公牛拖走。公牛大声地悲吼着,猎狗和牧人在后面疾步紧追。两头狮子撕扯开公牛的皮肤,大口吞咽着牛的内脏和黑红的鲜血。牧人命令猎狗上前搏斗却徒劳无获,猎狗不敢和狮子对咬,只是站在那里吠叫着,然后迅速转身躲闪。

伟大的跛足天神赫菲斯托斯还铸出一片处于峡谷中的草场。草场上游荡着洁白的羊群。这里还有一个小农场。农场里有带顶的棚屋和羊圈。

赫菲斯托斯还精心铸出一个舞场,就像代达罗斯在广袤的克诺索斯为阿里阿德涅建造的舞场那样。[①]在舞场上,年轻的小伙和美丽的姑娘牵着手跳着舞。姑娘们身穿做工精美的亚麻布长裙,小伙们穿着精工织纺的紧身上衣,衣服还闪烁着橄榄油的光泽。姑娘们头戴漂亮的花环,小伙们佩戴着银质的肩带,肩带上挂着黄金打造的匕首。年轻的男女时而摆开轻盈的腿步,灵巧地转起圈,就像一位坐着制陶的陶工,伸手试转陶轮,估探它的运作;时而排出行列,奔跑着互相穿插。大批民众

---

① 这样的舞场是真实存在于克诺索斯宫殿的废墟当中的。——原注

站在舞队周围，开心地欣赏着舞蹈。人群中间站着一位神圣的游吟诗人，吟唱着自己的作品。

舞队里还有两位翻跟斗的杂技演员，在人群中翻转腾跃。

赫菲斯托斯还在盾牌的最边上铸出了大洋河①磅礴的水流。

——荷马《伊利亚特》

●访问荷马时代斯巴达的宫殿

伊萨卡的国王、奥德修斯之子忒勒马科斯决心前往斯巴达向斯巴达国王墨涅拉俄斯询问父亲奥德修斯的下落。因为在从特洛伊返回的路上，奥德修斯触怒了海神波塞冬，所以一直漂泊在外，流离失所。同忒勒马科斯一同前往的是皮洛斯之王、涅斯托耳的儿子庇西特拉图。两人乘坐着双马马车前往斯巴达。

下面选文中对宫殿的表述与在迈锡尼梯林斯考古发现的宫殿十分相似。这使我们相信荷马不是亲眼见过这类宫殿，就是从一些可靠的资料中了解过这类宫殿。

对斯巴达的考古证明这里没有出现过克里特式城市。公元前1000年，斯巴达开始有人定居。然而，斯巴达附近地区及拉科尼亚的不同区域都出现了克里特式城市。尽管古人认为荷马是生活在多利安人殖民之前的时期，但现在的证据表明荷马实际生活在

---

① 希腊神话中环绕整个地球的大河，泛指大海。——译者注

多利安人殖民之后。荷马知道克里特岛上有多利安人,而斯巴达生活着卡斯托尔和波鲁克斯两个神。

忒勒马科斯和庇西特拉图抵达群山环抱的斯巴达,驱车前往著名的墨涅拉俄斯的居所。墨涅拉俄斯正在自己家中宴请亲朋好友,因为他了不起的儿子斯巴达的墨伽彭忒斯和女儿赫尔弥奥涅即将分别举行盛大的婚礼。墨涅拉俄斯将把女儿赫尔弥奥涅嫁给横扫千军的阿喀琉斯的儿子尼奥普托列墨斯。因为早在特洛伊时,墨涅拉俄斯就已经点头答应嫁出自己的女儿。眼下,神正兑现这桩婚事。此时,墨涅拉俄斯已经准备好了马与马车,敦促女儿快点出发,前往密耳弥冬人①著名的城邦。这里是尼奥普托列墨斯统治的地方。墨涅拉俄斯心爱的儿子斯巴达的墨伽彭忒斯则要迎娶斯巴达的阿勒克托耳的女儿。斯巴达的墨伽彭忒斯是一个女奴生的。海伦生下美若阿佛洛狄忒的赫尔弥奥涅之后,神已不再让她孕育。就这样,在拱顶的大厅中,墨涅拉俄斯的邻居和亲友享受着宴会,喜气洋洋。人群中,一位游吟诗人引吭高歌。伴随着游吟诗人的歌声,两位杂技演员开始在人群中扭身旋转起来。

此时,忒勒马科斯与庇西特拉图将马车停在大门外。墨涅拉俄斯的侍从厄忒俄纽斯正迈步前进,突然看

---

① 位于塞萨利的一个族群,真实历史中是不存在的。——原注

到忒勒马科斯与庇西特拉图。厄忒俄纽斯转过身去,穿过厅堂,禀告民众的牧者①这一消息。厄忒俄纽斯走到墨涅拉俄斯身边站定并开口说道:

"宙斯的孩子,墨涅拉俄斯,门前来了两个陌生人,看起来像是与至高无上的宙斯有血缘关系。您说,我是应该为他们解开马身上的轭架,还是打发他们另找其他能够接待他们的户主?"

听罢这番话,墨涅拉俄斯不悦地答道:"波厄苏斯之子厄忒俄纽斯,以前你从来不是个笨蛋。现在,你却像个小孩满口胡言。别忘了,从我们来到这里,我们曾多少次接受过别人的盛情。希望未来宙斯不再使我们遭受这种痛苦。去吧,给陌生人的马解开轭架,引他们前来,与我们共享盛宴!"

墨涅拉俄斯言罢,厄忒俄纽斯便带上几个随从赶忙穿过厅堂。他们解开马身上的轭架,将马牢牢地系在畜栏前,在马面前放上饲料,拌上雪白的大麦,随后将马车停在闪亮的内墙边,并把客人带入神圣的门厅。穿过国王的宫殿,客人对看到的一切非常惊讶。

有一道仿佛来自太阳或月亮的光洒落下来,照射在著名的墨涅拉俄斯的宫殿上。带着赞慕的心情饱尝眼福后,忒勒马科斯与庇西特拉图两人跨入溜滑的澡

---

① 这是荷马时代对国王的常见称呼。——原注

盆，洗净身体。①女仆们服侍他们沐浴，抹上橄榄油，穿上衣衫，覆上厚实的羊毛披篷。随后，忒勒马科斯与庇西特拉图走到靠椅旁，坐在了阿特柔斯之子墨涅拉俄斯身边。一名女仆提来华美的金罐，倒出清水，就着银盆，供他们盥洗双手，然后搬来一张光滑洁净的食桌，放在他们身旁。一位端庄的妇人端来食物，摆放在他们面前。顿时，桌上摆满了各种佳肴。与此同时，一位切肉者端起堆满各种肉食的大盘，放在他们面前，并摆上黄金酒杯。墨涅拉俄斯开口招呼，对两人说道：

"你们尽情享用食物吧，别客气。等你们用餐完毕，我们将开口询问你们究竟是何人。从你们身上可以看出你们父母的血统，你们是王室的后代，是手握权杖的贵胄。卑劣之徒才不可能有你们这样的后代。"

说罢，墨涅拉俄斯便端起献给他本人独享的食物——优选的烤牛脊——放在了两人面前。两人便伸出手来，开始享用起眼前的佳肴。他们满足了吃喝的欲望后，忒勒马科斯转向涅斯托耳之子庇西特拉图，耳语道：

"涅斯托耳之子庇西特拉图，使我欢心的好汉，瞧瞧眼前的一切，在回音缭绕的大殿，青铜的光芒四射，还有闪闪发光的黄金、琥珀、象牙和白银。依我看，位于奥林匹斯山上的宙斯的宫殿里面肯定也像这般辉

---

① 在梯林斯的宫殿中，我们发现了带有下水道的浴室。——原注

煌，因为全世界的好东西都会聚在那里。今番所见，使我惊讶！①"

——荷马《奥德赛》

●奥德修斯访问弗阿克斯国王阿尔喀诺俄斯的宫殿

流亡时，在斯克里亚，即弗阿克斯岛，奥德修斯遭遇了海难，并被瑙西卡公主解救。随后，瑙西卡公主将奥德修斯送到了自己父亲阿尔喀诺俄斯的宫殿。在路上，奥德修斯遇到了女神雅典娜，并与之交谈。后来，雅典娜回到了雅典，奥德修斯进入阿尔喀诺俄斯的宫殿。以下选段给出了上文不曾描述过的一些宫殿特征，并描写了宫殿外美丽的果园。

随后，灰眼睛女神雅典娜转身离开，穿越苍茫的大海，离开美丽的斯克里亚，抵达马拉松，来到大路宽阔的雅典，进入厄瑞克乌斯的房子。②与此同时，奥德修斯走进了阿尔喀诺俄斯著名的宫殿。站在宫殿的门前，抬手伸向青铜门槛时，奥德修斯思绪万千。一道光落下来，仿佛来自太阳或月亮，照射在勇士阿尔喀诺俄斯的宫殿

---

① 对宫殿和墓穴的考古发现本段对宫殿内部装饰的描述并没有过于夸张。——原注
② 在选文中加入这几句话是为了让大家注意，在创作《奥德赛》的时候，在雅典有属于雅典娜和厄瑞克乌斯的一座神殿。令人惊讶的是，诗人认为马拉松是去雅典的必经之地。——原注

上。青铜墙面向左右两边铺开,从门槛一直延伸至最里屋,墙的边缘雕刻着蓝色的饰带①,保护宫殿大门的部位用黄金作为材料。门柱是银制的,竖立在青铜的门槛上,高处是一根银门楣,门上安着金把手。门的两边摆放着黄金和白银铸成的大狗。大狗由火神赫菲斯托斯精心制作而成,守护着勇士阿尔喀诺俄斯的宫殿,使其永远闪烁着光辉。大厅里,沿墙的两边,排放着座椅,从门口一直排到内屋②,椅子上铺着制作极其精美的垫片——这是女人们的手艺。斯克里亚人的首领在此聚会吃喝。他们有用之不尽的存粮。屋内有金铸的年轻人像,手握燃烧的火把,站在坚固的基座上,为宴食的人们照亮整个厅堂。屋内共有五十名女仆劳作,有的在用石磨碾压黄色的谷粒,有的在机前织布,摇转线杆,手指不停地忙作,像高高的杨树上的枝叶随风摆动着③。纺织细密的亚麻布面上,落着橄榄果的油点儿。正如斯克里亚男子是驾快船乘风破浪的高手一样,斯克里亚妇女则是纺织的专家,因为雅典娜赋予了她们智慧,使她们心灵手巧。

---

① 在梯林斯的许多建筑中都能发现这种蓝色的饰带。这说明荷马在描述饰带时是有据可依的。关于饰带的图案及其他内部装饰,可以参考带有插图的关于米诺恩文明的作品。——原注
② 这种沿墙排放座椅的布置曾经在克诺索斯的宫殿中被发现过。——原注
③ 在克诺索斯的宫殿中,人们发现了一块"工人区域"。在"工人区域",数百个工人制作王室人员及客人使用的日常用品和奢侈品。比较之下,阿尔喀诺俄斯的宫殿则普通很多,宫殿内的手工器具规模也更小。在荷马时代,宫殿内的大部分工人都是女人。——原注

在宫殿的外面，傍着院门，是一片广阔葱郁的果园。果园的四周围着篱笆，园内长着高大、丰产的果树，有梨树、石榴树、挂满闪亮的苹果的苹果树，以及味道甜美的无花果和生长旺盛的橄榄树。无论冬夏，这些果树上的果实从不枯败，长年不断。西风总在吹拂，催生了一批果实，又催熟了另一批。梨子接着梨子，苹果接着苹果。葡萄一串接着一串，无花果一批又一批。这里还有一片葡萄园，果实累累。有的地处平整的地野，葡萄被充足的阳光晒干；有的正在被采摘；有的正在被压挤踏踩，准备酿红酒。果园前排的葡萄尚未成熟，有的刚落花朵；有的已显现出微熟的紫红色，马上就可以收获了。①葡萄园的尽头卧躺着垄埂齐整的菜地，长着各种蔬菜，四季常绿。园内共有两条小溪，一条浇灌整片林地，另一条从院门边喷涌而出，傍着高耸的宫殿流淌着。城内的居民纷纷来此汲水。这些便是神赐的阿尔喀诺俄斯宫殿的美景。

——荷马《奥德赛》

● **天地及众神的创造**

希腊人开始思考万物起源时，便用丰富的想象力开始创作。

---

① 显然，荷马对上述所有水果都十分熟悉。但有关于季节的描述则是理想化的。——原注

在下面的片段中，赫西奥德虽然没有描述混沌、大地、地狱塔尔塔洛斯及爱是如何产生的，但告诉我们世界上其他元素均来自这些。

最初产生的是混沌，然后是幅员辽阔的大地。大地是生活在白雪皑皑的奥林匹斯山巅上所有不朽众神的坚实的基础。然后，在道路宽敞的大地深处出现了地狱深渊塔尔塔洛斯与爱神爱洛斯。爱洛斯是众神中最俊美的一个。爱能使所有神及人类都魂不守舍，扰乱他们的头脑和心智。

从混沌中诞生了幽冥神厄瑞玻斯和黑夜女神倪克斯。而黑夜女神倪克斯又与幽冥神厄瑞玻斯生了晴天埃塞尔和白昼。大地首先生下了星光璀璨的天空乌拉诺斯。天空与大地一样大，能够将大地完全覆盖，使诸神有了永远稳固的栖息地。大地还生下了高耸的群山。这是宁芙仙女们居住玩乐的地方。大地还生下了深不可测、波涛汹涌的海洋本都。随后，大地又与天空生下了涡流湍急的海洋之神俄刻阿诺斯、科伊俄斯、克里奥斯、希佩里翁、伊阿佩托斯、忒伊亚、瑞亚、忒弥斯、摩涅莫绪涅、头戴皇冠的忒柏及可爱的特提斯，最后生下的是小儿子——狡黠的克罗诺斯。克罗诺斯是孩子中最可怕的一个。他对自己强壮的生父天空乌拉诺斯充满了怨恨。

——赫西奥德《神谱》

●散文中最早关于历史的描述

丢卡利翁是普罗米修斯之子。多数作者认为丢卡利翁的母亲是克吕墨涅,但赫西奥德认为丢卡利翁的母亲是潘多拉。阿修西劳斯认为丢卡利翁的父亲是普罗米修斯,母亲是赫西俄涅——海洋之神俄刻阿诺斯的女儿。丢卡利翁与皮拉的故事人人皆知。阿修西劳斯也证实了丢卡利翁与皮拉丢到背后的石头最后变成了人。

阿修西劳斯从自己的第一本著作就阐明阿刻罗俄斯河是最古老的河。阿修西劳斯说:"海洋之神俄刻阿诺斯娶了自己的亲妹妹特提斯。他们生出了三千条河,其中阿刻罗俄斯河是最年长的,也是最受人尊敬的。"

阿修西劳斯记载,宙斯和尼奥布生育了阿尔戈斯和珀拉斯戈斯。后来,生活在伯罗奔尼撒岛上的居民皮拉斯基人的名字也来自珀拉斯戈斯。

在俄古革斯之前,除俄古革斯的同时代人福罗纽斯和福罗纽斯的父亲伊纳科斯做的事之外,希腊人没有做过什么值得一提的事情。根据阿修西劳斯的论述,伊纳科斯是阿尔戈斯的第一任国王。

赫拉尼库斯和阿修西劳斯及埃福罗斯和尼古劳斯都认为古人能够生存一千年。

——阿修西劳斯《谱系》

我看到许多人不经思考就画世界地图时,实在忍不住想笑。这些人让海洋环绕在地球周围，还把世界画得像圆规画的那样圆，同时，把亚细亚和欧罗巴画成一样大小。

赫克特斯在底比斯时，回忆了一下自己的身世，结果发现自己家族的第十六代和神有血缘关系。宙斯的祭司们对赫克特斯做的事和祭司对我做的事完全一样，但我并没有回忆自己的身世。祭司们把我领到神殿里，让我看了许多木像。祭司们数了一下，木像的数目正是他们刚才听说的那个数目——十六。每一个大祭司在生前都给自己立了一座像。祭司们一边给我展示这些木像，一边对我说，每一个木像都是儿子从父亲那里继承来的。祭司们数了全部的木像，从最近死的那个人一直到最早的那个人。当赫克特斯回溯自己的身世并宣布说家族的第十六代有神的血脉时，祭司们根据他们的计算方法也回溯了他们的身世，因为祭司们不相信有一个凡人是神生出来的。祭司们说每个木像都是一个披罗米司，都是另一个披罗米司的儿子。他们追溯了三百四十五个披罗米司的身世，但都和神或英雄没有联系。在希腊语里，披罗米司是指受人尊敬的、好的人物。

在《谱系》第三卷中，描写阿卡迪亚的晚餐时，米利都的赫克特斯说道，晚餐中包含着大麦面包和猪肉。

皮拉斯基人被雅典人赶出了阿提卡。我无法判断这一行为究竟是否正当。但根据赫克特斯所说这是不正当的。雅典人曾经许诺将墨托斯山山脚下的土地送给皮拉斯基人，作为建造卫城城墙的回报。后来，雅典人发现曾经一文不值的、贫瘠的土地变得十分肥沃，心中燃起了忌妒，并渴望抢回土地。正是出于这个原因，雅典人驱逐了皮拉斯基人。

——赫克特斯《大地环游记》和《谱系》

●阿提卡的几位国王

年代史编者们在试图重现各个国家的君主统治时期的时候采取了一种习惯，即将现存的各种习俗和制度分配给不同的国王。从以下选段中可以看出这个过程。

> 拥有"双重特性"的刻克洛普斯一世作为国王统治着阿刻忒，也就是现在说的阿提卡，总共统治了五十年的时间。斐洛考鲁斯认为，说刻克洛普斯一世有"双重特性"是因为他的身高，也有可能是因为埃及人刻克洛普斯一世懂得两种语言①。
>
> 斐洛考鲁斯说，国家在陆地上，受到了彼奥提亚人的掠夺，在海上，受到了卡里亚人的掠夺。刻克洛普斯一世首先将众多城市整合成十二个城市——刻克罗皮

---

① 在神话故事中，刻克洛普斯一世是半人半蛇的形象。因此，说他拥有"双重特性"。但年代史编者们将神话合理化了。这是年代史作者的习惯。——原注

亚[1]、特忒拉波利斯、伊帕科里亚、德克来亚、厄琉西斯、德纳或德尼、托里库斯、布劳隆、塞西拉、司菲都斯、基菲萨及法勒洛斯。后来,忒修斯又将这十二个城市整合成了阿提卡这一个城市。

斐洛考鲁斯说,雅典人的国王安菲克梯翁[2]学会了狄奥尼修斯的酿酒技巧,成为第一个酿制葡萄酒的人。安菲克梯翁酿的酒,人们在喝完后依旧能正常走路。而在此之前,人们在酒后都步履蹒跚。因为这个原因,安菲刻提翁在四季神殿中竖立起供奉狄奥尼修斯的神坛。在狄奥尼修斯神坛旁边,安菲刻梯翁又建起了供奉宁芙仙女的神坛,因为据说宁芙仙女侍奉过狄奥尼修斯。宁芙仙女神坛用来纪念那些饮用过稀释酒的人。此外,安菲刻提翁还颁布了一条法令,规定在饭后提供少量未经混杂的红酒给大家品尝,作为神的力量的象征。剩下的红酒则被放到桌子上,人们可按照自己的喜好稀释。随后安菲刻提翁会吩咐客人们向救世主宙斯祈祷,目的是提醒喝酒的人们只有这样喝酒才可免受伤害。

——斐洛考鲁斯《阿提丝史》

---

[1] 雅典早期的名字。——原注
[2] 这一神话中的国王现实存在的历史依据是早期雅典成了德尔斐近邻同盟的一员。——原注

●经过完善的阿尔戈斯和雅典国王名单

荷马、赫西奥德和其他希腊历史学家通过世代和统治时期计算时间。随着准确度的提高，人们开始尝试构建带有统治时长的国王名单。在更早的时候，一个国家的国王名单里没有几个名字。后来，新的名字逐渐被加了进来。亚历山大大帝时期的学者都忙着编写年代表。亚历山大大帝时期的学者的作品通过4世纪的优西比乌流传了下来。以下给出的两份名单能够完全反映亚历山大大帝时期的学者作品的本质。值得注意的是，名单里极有可能没有一个名字，或者最多一两个名字是真实存在的人的名字。

●阿尔戈斯国王及其统治时间

阿尔戈斯国王	统治时间
伊纳科斯	50 年
福罗纽斯	60 年
阿匹斯	35 年
阿耳戈斯	70 年
克里阿索斯	54 年
福尔巴斯	35 年
特里俄帕斯	47 年
克罗托普斯	21 年
斯特涅罗斯	11 年
达那俄斯	50 年
林赛斯	41 年
阿巴斯	23 年

●续 表

普洛伊图斯	17 年
阿克里西俄斯	31 年

在福尔巴斯统治的第三十二年,雅典有了第一任国王。

●雅典国王及其统治时间

雅典国王	统治时间
刻克洛普斯一世	50 年
克拉诺俄斯	9 年
安菲克提翁	10 年
厄里克托尼俄斯	50 年
潘蒂翁一世	40 年
厄瑞克乌斯	50 年
刻克洛普斯二世	40 年
潘蒂翁二世	25 年
埃勾斯(潘蒂翁二世的儿子)	48 年
忒修斯(埃勾斯的儿子)	30 年
墨涅斯透斯(珀透斯的儿子)	23 年
德摩丰(忒修斯的儿子)	33 年
奥科辛特斯	12 年
阿费达斯	1 年
梯摩忒斯	8 年
墨兰托斯	37 年
科德罗斯	21 年

——优西比乌《编年史》

●重大事件的日期

优西比乌的《编年史》引用了波菲利的《哲学的历史》。

　　根据阿波罗多洛斯的说法，从伊利昂被攻陷到赫拉克勒斯后裔攻打伯罗奔尼撒，总共经过了八十年；从攻打爱奥尼亚到完成对爱奥尼亚的殖民，总共花了六十年；从完成对爱奥尼亚的殖民到利库尔戈斯出生，经过了一百五十九年；从利库尔戈斯出生到第一届奥林匹克运动会，经过了一百零八年。因此，从公元前1183年伊利昂被攻陷到公元前776年第一届奥林匹克运动会举办，一共是四百零七年的时间。

第3章

殖 民
（公元前750年到公元前479年）

Colonization
(750—479 B.C.)

从公元前750年到希波战争结束的公元前479年，是殖民扩张、农耕经济转为手工业经济的时间。与此同时，文学、艺术、人的智慧也获得了迅速发展。科学和哲学出现了萌芽。因此，这段时期也可以被称作"理智觉醒"的时期。殖民活动并没有持续到"理智觉醒"时期末，而是在公元前6世纪中期就已经结束了。

●欧洲的自然情况及对居民的影响

除一小部分地区因极度寒冷而不宜居住之外，欧洲绝大部分都适宜居住。在那些不宜居住的地区周边生活着游牧民族。游牧民族生活在顿河、米欧提斯湖及第聂伯河周围。即便是在宜居的地区，某些极寒地区和山区的人们也只能艰难地存活下来。尽管如此，如果管理得好，某些人烟稀少、只有盗贼出没的地方也可以发展得很好。希腊人尽管都生活在崇山峻岭之间，但日子过得十分舒适，因为他们管理得当，经济得到发展，各种生活需求也都很完备。罗马人也是相同的情况。征服数个未开化的国家之后，罗马人看到这些国家条件极差、生活艰苦，便教会了这些国家的人进行贸易，在这些粗野的人之中播撒文明。那些气候温和的地区，仅凭自然就能获得诸多优势。在这些条件良好的地区，一切都趋于平静。生活在贫瘠地区的人则更加勇猛，更有发起战争的倾向。这两种地区的族群相互吸收彼此的优势，一方借助自己的武器扩张，另一方借助自己的农耕业、艺术及制度发展。行动不一致时，会对彼此都产生伤害。但通常是擅使武力的一方更占有优势，除非有时擅使武力的一方在人数上不占上风。在欧洲，上述情况十分常见，因为在整个欧洲大陆上平原与山脉纵横交错，农耕、文明和刚毅的性格也是相伴而生的。然而，爱好和平之人的数量是占据上风的。爱好和平之人能占据数量优势主要是由于治理体系产生的影响。起先是希腊人，后来是马其顿人和罗马人[1]。

　　如此一来，欧洲就有了用来进行战争、维持和平的两种资源。整个欧洲大陆上既有足够的勇士，又有耕作的劳动力和在城镇生活的市民，既能生产出生活需要的各种果蔬，又能生产出各种有用的金属。香水和各种珍

---

[1] 希腊人的结盟带来了和平。但在和平方面，马其顿王国和罗马帝国进步更大，尤其值得一提的是罗马帝国。——原注

贵的奇石虽然只能从国外进口，但对人们舒适的生活不会产生太大的影响。牛羊的数量也很多，野兽的数量则很少。这就是欧洲大陆的基本情况。

——斯特拉波《地理学》

● **富饶的西西里岛**

狄奥多罗斯是西西里岛人。他以极大的热忱描写了故土的美丽与富饶，写的内容也是真实可信的。

本书描述了欧洲大陆上各个岛屿的情况。首先，我们将谈谈西西里岛，因为西西里岛是众岛屿中最重要的一个。西西里岛上的历史故事也是最多的。

古时候，西西里岛因其形状而被叫作特里纳基亚岛，后来又被第一批居民命名为西卡尼亚岛，最后被来自意大利的西西里人①叫作西西里岛。

西西里岛的居民认为该岛属于德墨忒尔和珀耳塞福涅。在某些诗人的想象中，珀耳塞福涅嫁给冥王普路托后，宙斯将西西里岛作为礼物赠给了新娘珀耳塞福涅。

那些最被认可的作者认为，西西里人是岛上的原有居民。我们之前提到的德墨忒尔和珀耳塞福涅两位女神

---

① 这里的"西西里人"是指西库里人。古代作家认为西库里人来自意大利。——原注

首先出现在了西西里岛。西西里岛土壤肥沃,并且多产,会自然生长出各类庄稼。诗人们的诗便可以证明这一点:

岛内万物生长

无须播种或耕地

小麦、大麦,还有葡萄藤

产出了香甜的葡萄与葡萄酒

在上天的沐浴下,

在神的庇护下

一切都成熟了

莱昂蒂尼和西西里岛的许多地方,都生长着野生小麦。如果有人问,在人们食用谷物之前,哪里先有了谷物。答案很有可能是最先有谷物的地方有可能是最好、最富饶的地方。因此,我们就明白为什么西西里人尤其崇拜那些首先发现粮食的女神了。

毋庸置疑,珀耳塞福涅被掠夺就发生在西西里。德墨忒尔和珀耳塞福涅两位女神一直住在西西里岛上,从未去过其他任何地方,过着快乐无比的生活。[①]人们说珀耳塞福涅被掠夺是发生在一片草地上。草地上开满了紫罗兰和其他各式各样的鲜花,景色十分迷人。据说,各

---

① 认为两位女神独属于西西里岛及最早使用谷物的说法只是一种被岛民夸大的骄傲。与其相似的是,雅典人声称最初是德墨忒尔赐给雅典人谷物,然后通过雅典人将种植技术传播到了整个希腊。这两个故事基本都是不可信的。——原注

类花朵散发的芳香十分浓郁，导致猎狗的嗅觉都失灵了，找不到猎物的去向。在草地中央的最高处，地势平坦，水分充足。但草地的边缘是凹凸不平的，周围是悬崖峭壁。草地位于西西里岛的中央。因此，有些人称其为"西西里的中心"。草地的四周，小树林和花园随处可见，外围有一片沼泽及一个通向北方的地下洞穴。据说，冥王普路托就是通过这个洞穴驾车掠走了珀耳塞福涅。在这片草地上，紫罗兰和其他花朵常年盛开，为人们带来一番可爱、动人的景象。

——狄奥多罗斯《历史丛书》

●西西里岛的殖民

修昔底德的写作可能参考了锡拉库萨的安提俄库斯的作品。锡拉库萨的安提俄库斯年龄比修昔底德略大，著有《西西里岛及意大利的故事》。该书现已失传。我们可以比较下文选段的严肃口吻与上文狄奥多罗斯不加批判、略带诗意的文风。

最早移居西西里岛和在岛上繁衍生息的有如下几种人。西西里岛最早的居民是基克罗普斯人和莱斯特利哥涅斯人。[①]据说，他们生活在岛内某个地方。但我不知道他们属于哪个种族，从哪里来，后来又去了哪里。我

---

① 毋庸置疑，这两个种族是虚构的。——原注

们只能参考诗人的描述,并根据诗人的描述得出自己的结论。之后,定居在西西里岛的是西卡尼亚人。尽管根据西卡尼亚人自己的说法,他们来到岛上的时间更早,并且声称自己是西西里岛这片土地的孩子,但事实上,他们是伊比里亚人。他们被利古里亚人从伊比里亚的西坎努斯河畔驱逐了。①西西里岛过去被称为特里纳基亚岛,随着西卡尼亚人的到来,又被称为西卡尼亚岛。直到如今,西卡尼亚人依旧生活在西西里岛的西部。特洛伊被攻陷后,一些特洛伊人从亚该亚人手中逃了出来,乘船来到西西里岛。特洛伊人生活在西卡尼亚人附近,与西卡尼亚人一起被统称为爱丽米人。爱丽米人建造了两个城,分别是爱里克斯和爱吉斯泰。后来,一部分波奇司人也在西西里岛定居。波奇司人曾在特洛伊作战,后来遭遇风暴,先到利比亚,后来又到了西西里。原本生活在意大利的西克尔人由于遭到奥匹亚人的驱逐,来到西西里岛。根据传说,西克尔人乘坐木筏,利用岸上吹来的风来到西西里岛。西克尔人也可能找到了其他渡海方式。现在,依旧有西克尔人生活在意大利。"意大利"这个名字就是来自曾经的西克尔国王——意大琉

---

① 根据这一论述,大多数现代学者将西卡尼亚人同西班牙的伊比里亚人和北意大利的利古里亚人联系在一起。还有学者认为西卡尼亚人和西库里人拥有相同的血统。——原注

斯。①西克尔人带领大批军队来到西西里，在战斗中打败了西卡尼亚人，并把西卡尼亚人赶到了西西里的南部和西部。从这时起，曾经的西卡尼亚岛被更名为西西里岛。之后的三百年，西克尔人一直占据着西西里岛最富饶的土地，直到希腊人来到西西里。即便是现在，西克尔人仍然生活在西西里岛的中部和北部。腓尼基人在西西里的定居点曾经遍布整个岛屿。②在海角处，腓尼基人建立了防御工事，并在附近的小岛上定居，与西克尔人贸易。但当越来越多的希腊人开始乘船来到西西里岛时，腓尼基人放弃了大部分居住地，选择聚居在摩提亚、索罗伊斯和潘诺姆斯，与爱丽米人比邻而居。一部分原因是腓尼基人依赖与爱丽米人的联盟，另一部分原因是从这些地方出发，迦太基到西西里的路程是最短的。以上就是居住在西西里岛上的非希腊人的情况。

  第一批希腊殖民者在苏克利斯的领导下，从埃维亚的卡尔基斯来到西西里岛，并且建立了纳克索斯。③在纳克索斯，第一批希腊殖民者建立了一个祭祀阿波罗的神坛。直至今日，虽然城市不在了，神坛却依然伫立在西西里岛上。从西西里启程前，宗教使者都要到神坛献祭

---

① 认为西克尔人和西库里人是来自意大利的移民的想法是有事实依据的。他们语言中一些常见的名字都与拉丁语有关。——原注
② 未能发现相关的考古遗迹来证明这一论述。但可以肯定的是，在希腊人殖民后，腓尼基人的生活区域变小了。——原注
③ 公元前750年，希腊人开始殖民西西里岛。各事件的具体日期是不可考证的。——原注

一番。随后的一年,赫拉克勒斯族的阿奇亚斯从科林斯来到西西里岛,并建立了锡拉库萨,又把西克尔人从奥提伽岛赶了出去。现在,西西里内城已不再四面临海。后来,随着时间的推移,内城的范围逐渐向外扩大,人口日渐增多。同时,在锡拉库萨建立后的第五年,即公元前729年,苏克利斯人和卡尔基斯人从纳克索斯出发,用武力赶走了西克尔人,首先建立了莱昂蒂尼,后来又建立了卡塔那。然而,卡塔那的居民选择了爱瓦库斯作为他们城邦的建立者。

大约在同一时候,来自迈加拉的拉米斯带领一支移民来到西西里,在潘塔基阿斯河畔占据了一块区域,并起名为"特洛提鲁斯"。但随后,拉米斯便加入了卡尔基斯人在莱昂蒂尼的殖民地。拉米斯同卡尔基斯人一起生活了一段短暂的时间,后来被卡尔基斯人驱逐了。然后,拉米斯又建立了萨普苏斯,并且在萨普苏斯度过了余生。后来,拉米斯的追随者离开了萨普苏斯,建立了一个叫海布隆迈加拉的城市。西克尔人的国王海布隆将海布隆迈加拉卖给了拉米斯的追随者。在海布隆迈加拉,拉米斯的追随者繁衍生息了二百四十五年。后来,锡拉库萨僭主革隆[①]把他们驱逐了。但在他们被驱逐前、定居海布隆迈加拉一百年后,他们派出了来自迈加拉的帕米鲁斯建立了塞林努斯。在锡拉库萨建立后第四十五

[①] 公元前485年,革隆成为锡拉库萨的僭主。——原注

年，即公元前689年，生活在罗得岛的安提菲姆斯和生活在克里特岛的恩提姆斯联合建立起了杰拉。杰拉这个城镇得名于杰拉河，是当今雅典卫城的所在地，同时是最先修筑防御工事的地方，被称为"林第伊"。杰拉使用的政制是多利安式的政制。在杰拉建成后的第一百〇八年，即公元前581年，杰拉的居民又建立了阿克拉加斯或阿格里真托。阿克拉加斯这个城市因阿克拉加斯河而得名。杰拉的居民还把阿里斯托诺斯和皮斯提鲁斯作为阿克拉加斯的建立者，并将杰拉人自己的政制移植到殖民地。赞克列最早是来自库麦的海盗建的。库麦是卡尔基斯人在奥匹亚建立的城镇。后来，大批来自卡尔基斯和埃维亚其他地区的人来到库麦和他们一起定居。赞克列的两次殖民分别是由来自库麦的佩里尔斯和来自卡尔基斯的克拉泰门尼斯发起的。西克尔人最先称被殖民的地方为"赞克列"，因为这个地方的形状像一把镰刀，而在西克尔语中镰刀就叫"赞克列"。但后来，赞克列的早期定居者遭到萨摩斯人和爱奥尼亚人的驱逐。在从波斯逃离后，萨摩斯人和爱奥尼亚人来到西西里岛。不久之后，利基翁的僭主阿纳西拉斯又赶走了萨摩斯人，让一些不同种族的居民在赞克列杂居，并根据自己家乡的名称将这里改名为麦西尼亚。

来自赞克列的攸克里德斯、西姆斯和萨康建立了希梅拉。移居到希梅拉这个殖民地的大多数人是卡尔基斯人，以及一些迈利提德人和锡拉库萨的流亡者。希梅拉人的方言是由卡尔基斯语和多利安语混合而成的语言,但希梅拉人采用的政制基本上是卡尔基斯式的政制。阿克赖和卡斯梅奈都是由锡拉库萨人建立的。阿克赖比锡拉库萨晚建了七十年。卡斯梅奈比阿克赖晚建了二十年。卡马里纳最早也是由锡拉库萨人建的,比锡拉库萨晚建了一百三十五年。卡马里纳的建立者是达克松和麦涅科鲁斯。但卡马里纳的居民因发动起义而被锡拉库萨人用武力驱逐。不久,杰拉的僭主希波克拉底获得了卡马里纳,作为交换,希波克拉底释放一些锡拉库萨战俘。杰拉的僭主希波克拉底成了卡马里纳的第二位殖民者,并且使卡马里纳焕然一新。后来,卡马里纳居民遭到革隆的驱逐。革隆成了卡马里纳的第三位殖民者。

——修昔底德《伯罗奔尼撒战争史》

●阿克拉加斯

阿克拉加斯不仅在我提到的方面优于大多数城市,而且在城市美化与装饰上都优于大多数城市。城市外围的防御工事,无论从自然角度看,还是从人造角度看,都十分出色。围墙位于陡峭险峻的岩石上,一面是天然的,一面是人造。同时,整座城市被河流紧紧包围着。南边流淌着的河流与城市拥有相同的名字,在西南方向流淌的河叫海普萨斯。在东南方向的堡垒上可以俯视整座城市,外围是一圈无法跨越的沟壑,内部仅有一条通往城镇的道路。堡垒的顶部有一座祭祀雅典娜和宙斯的神殿，同罗得岛的神殿很像。因为阿克拉加斯就是由罗得岛上的人建立的，所以两地供奉的神明也是相同的。整座城市充满了各种神殿和柱廊装饰，十分华丽。一座献给宙斯的神殿尚未完工，但根据规划，神殿的规模不会小于希腊任何一座神殿。

——波利比阿《通史》

●库迈、迪凯阿恰和那不勒斯

值得注意的是，在斯特拉波生活的时期，下面选文提到的国家，无论是人口密度上，还是富有程度上，都不如其被罗马征服之前。

在这些城市建立后，库迈也建立了。库迈是卡尔基斯人和库迈人最古老的殖民地，因为它是西西里或意大利最古老的希腊城市。库迈人希波克利和卡尔基斯人麦加斯提尼担任远征军的首领。两人协商一致，如果一个国家管理殖民地，那么殖民地将使用另一个国家的名字。因此，直至今日，这个地方都叫库迈，但建立者是卡尔基斯人。库迈这个城市曾经十分繁荣。同样繁荣的还有弗莱格拉平原。神话中记载，在库迈，巨人族曾发生过战争，原因大概只有一个，那就是为了一决高下以占有这个富饶的城市。①后来，坎帕尼亚人成了库迈的主人，对库迈的居民施加各种暴行，甚至夺走他们的妻子。但无论是在神殿中，还是在法典里，整个库迈还是残存着许多希腊风格的痕迹。库迈的居民擅长打渔。海湾的岸边，炎热的沙石上，延伸出很大一片矮小的树林。这片树林被叫作"加利纳里树林"。正是在加利纳里树林，塞克斯图斯·庞培的舰队将海盗团伙聚集起来。当时，塞克斯图斯·庞培正使整个西西里陷入叛乱。

远处是一片沙地，然后是一座城市——迪凯阿恰。迪凯阿恰曾经是库迈人的海军基地，建立在位置显眼的高处。与汉尼拔交战的时候，罗马人在迪凯阿恰建立了一个殖民地，并将其改名为"部丢利"。"部丢利"这个名字源于当地数量众多的井，也有说法是源于水中散发的臭味。整个地区直到库迈都充斥着火山、温泉和硫黄。一些人也认为，正是由于这个原因，库迈旁边的城市被叫作弗莱格拉。而巨人族被闪电击倒的传说应该就是源于火山爆发。迪凯阿恰是一个贸易十分发达的城市②，拥有许多人造海港。这里能够建造诸多海港得益于这里的沙质。迪凯阿恰的沙土内含大量石膏，起到了巩固和加强的作用。在海边，人们用这种沙和石头建起

---

① 这一解释展现了斯特拉波迂腐的一面。事实上，因为火山活动留下了大量的痕迹，所以人们编造出了这些传说。——原注
② 在斯特拉波之后的塞涅卡和圣保罗时期，迪凯阿恰的贸易是意大利西海岸最发达的。——原注

防波堤，从而形成了一个个海湾。即便是最大的运输船也能安全通行。在迪凯阿恰，平原四周被火山围绕，火山口都向外喷烟，看似着火一般，时常伴随着隆隆的噪音。整个平原到处充斥着漂浮的硫黄。

迪凯阿恰之后，我们再来讲那不勒斯。那不勒斯最初也是库迈人建立的。但后来，卡尔基斯人、皮埃库萨人和雅典人纷纷来这里定居，所以这里被命名为那不勒斯①。这里有女妖帕耳忒诺珀的坟墓。随着时间的推移，那不勒斯居民产生了矛盾。那不勒斯居民因为已经和朋友逐渐疏远，所以吸纳了一部分坎帕尼亚人共同居住，从而不得不将敌人当作朋友对待。如今，那不勒斯还保存着许多希腊文明的痕迹：竞技馆、年轻人的运动场所、宗族分支及罗马市民的希腊名字等。现在，人们每五年②都会举行大型音乐及竞技活动，活动持续多天，这曾是希腊最著名的活动之一。那不勒斯也有一条地下通道，同库迈的地下通道相似，沿着山脉一直通向迪凯阿恰。这条地下通道十分宽敞，能够通过两辆相向而行的马车。通道的上面有许多开口，以使光照进通道。那不勒斯也有温泉，泉水质量丝毫不亚于巴亚的温泉。但因为巴亚建立起了一座又一座新宫殿，所以去那不勒斯温泉的人较少。那不勒斯仍旧保留着希腊人的生活方式。

---

① Nea-polis 的意思为"新的城市"。——原注
② 实际上是每四年。——原注

有的人从童年开始就在不断地劳作，他们从罗马来到那不勒斯以获得休息；有的人则因为年老体衰，所以必须过平静的生活。除此之外，还有一部分罗马人被这种生活方式和相同的品位吸引，选择来那不勒斯定居。

——斯特拉波《地理学》

● 福西亚人的航行及对科西嘉岛的殖民

公元前7世纪中叶，萨摩斯岛上的探险家柯莱欧司抵达西班牙的他施，成为第一个踏入他施的希腊人。不久之后，福西亚人开始频繁航行到他施。"圆舟"被用来在海岸边运送商品。大约公元前560年，在科西嘉岛，福西亚人建立了阿拉利亚。阿拉利亚这个新殖民地的安全受到伊特鲁里亚人和迦太基人的威胁。伊特鲁里亚人和迦太基人根据贸易契约正在进行活跃的贸易活动。公元前535年，针对阿拉利亚的关键性战争爆发了。选文中提到的哈帕古斯，是波斯国王居鲁士的将领。在攻克吕底亚之后，居鲁士决心要继续征服沿岸的希腊城市。

在希腊人中，福西亚人是最早远洋航行的人，也是发现亚得里亚海、第勒塞尼亚、伊伯里亚和塔尔提索斯的人。在航行时，福西亚人使用的船不是圆舟，而是五十桨船。福西亚人到塔尔提索斯的时候，国王阿尔甘托尼欧斯和他们成了好朋友。阿尔甘托尼欧斯统治塔尔提索斯长达八十年，而他一直活到了一百二十岁。正是因为阿尔甘托尼欧斯，福西亚人变得极其友好，以致阿尔甘托尼欧斯邀请福西亚人离开伊奥尼亚，移居到塔尔提索斯的任何地方。后来，阿尔甘托尼欧斯发现自己不能说服福西亚人。他又听说米底人的势力开始强大起来，便给福西亚人金钱让他们在城市周边构筑城墙。阿尔甘托尼欧斯出手十分阔绰。绵延的城墙完全由大石头筑成。这些大石头被砌得又紧又密。

就这样，福西亚人修筑起全部城墙。哈帕古斯率领军队前来进攻福西亚人，包围了福西亚。哈帕古斯向福西亚人提议，如果福西亚人能毁掉墙上的一个城垛，并献出一处住宅，他便满足了。但福西亚人非常不愿意被奴役，于是便要求用一天的时间仔细考虑如何答复，并且请求哈帕古斯，在他们商议的这一天让舰队撤离城墙。哈帕古斯回答说，自己很明白福西亚人心中的算盘。尽管如此，哈帕古斯依然答应了福西亚人的请求。后来，哈帕古斯的军队撤离之后，福西亚人便把五十桨船放下水，把妇女、小孩、全部可移动的器具、神殿的神像，以及除石制或青铜制品和绘画之外的一切供物都转移到了船上。随后福西亚人自己也上了船，朝希俄斯岛驶去。之后，波斯人便占领了福西亚这座被居民遗弃的空城。

福西亚人到达希俄斯之后，试图购买叫欧伊努赛的小岛，但遭到了希俄斯人的拒绝。希俄斯人害怕福西亚人会在欧伊努赛设立市场，从而把希俄斯的商人排斥在外①。因此，福西亚人又来到克尔诺斯②。二十年前，即公元前560年，在克尔诺斯，福西亚人曾遵照神谕建立了一个叫阿拉利亚的城邦③。在出发前往克尔诺斯之前，福西亚人先返回了福西亚，杀光了奉哈帕古斯之命留驻在福西亚的波斯驻军。在这之后，福西亚人又狠狠地诅咒了那些不是和他们一起乘船撤退而是留下来的可耻之人。此外，福西亚人还把一个巨大的铁块投入大海，并且发誓除非这个铁块重新浮出海面，否则他们决不返回福西亚。但在福西亚人前往克尔诺斯的时候，一半以上的福西亚人难以抑制对故土的思念之情，竟然违背誓言返回了福西亚。而那些遵守誓言的人从欧伊努赛扬帆起航了。

这些人到达克尔诺斯后，和先到达克尔诺斯的人一起生活了五年，并且在达克尔诺斯修建了神殿。然而，在此期间，这些福西亚人不断掠夺周围的邻居，最后导致第勒塞尼亚人和迦太基人不得不联合起来讨伐他们。第勒塞尼亚人和迦太基人各派出六十艘船。福西亚人也装备了六十艘船，在撒丁海上与敌人对阵。双方激烈交战之后，福西亚人获得了胜利，但付出了惨痛的代价。在战斗中，福西亚人损失了四十艘船，剩下的二十艘也

---

① 此处便是希腊人贸易竞争激烈的证据之一。——原注
② 也就是科西嘉岛。——原注
③ 这时，阿尔甘托尼欧斯已经死了。——原注

基本报废了,船头部分已扭曲得不成样子。因此,福西亚人驶回阿拉利亚,把妇女、儿童和一切能装上船的财物运走。福西亚人离开了克尔诺斯,往利基翁去了。

——希罗多德《历史》

第4章

私法与刑法
(公元前478年到公元前404年)

Private and Criminal Law

(478—404 B.C.)

在本章，《戈提那法典》代表公元前5世纪的私法，《德拉古法典》则代表公元前5世纪的刑法。

●《戈提那法典》

在希腊传统里，人们认为克里特是法律的起源之地。文学作品中保留的少数克里特法律都是公法。在19世纪发现的、刻在壁画上的《戈提那法典》则让我们第一次对克里特的私法有所了解。《戈提那法典》主要针对家庭关系及遗产，以及一小部分涉及工具、家庭关系之外的财产和契约。但《戈提那法典》不包括刑法或刑事诉讼程序。发现的雕刻内容是现存的、有关希腊法律中最全的。然而，值得注意的是，《戈提那法典》的许多其他片段也在其他地方被发现。通过这些片段，我们可以判断出上文提到的雕刻内容只是《戈提那法典》很小的一部分。

《戈提那法典》最显著的地方就是女性法律地位的提升。女人获得了继承权。这是前所未有的。因为女人获得了继承权，所以她们的礼物和嫁妆受到了限制。女人对自己财产的支配权增大。女继承人也是第一次有了说"不"的权利，她们只需要牺牲一些财产，就可以免于嫁给一个近亲男人。当时，在雅典，女性的社会地位受到压迫，而克里特给了女人更大的自由和权利。这一现象十分有趣。

莎草纸的发现证明了希腊法律继续在罗马帝国某些地方存在，其重要性得到提升。简而言之，希腊法律不仅对研究法律的人十分重要，而且对研究古代文化的人也十分重要。

诸神！

针对奴隶所有权的诉状。无论何人起诉一个自由人或一个奴隶，在判决前都不能带走他。如带走，每带走一个自由人罚款十斯塔特，带走一个奴隶罚款五斯塔特。限其在三天内释放带走之人。若不释放，带走一个自由人每天罚款一斯塔特，带走一个奴隶每天罚款一德拉克马，直到将人释放。法官要宣誓判定日期。如果否认带走人，除非有目击者证明没有带走人，否则法官要宣誓做出判决。

但如果一方宣称某人为自由人，另一方认为某人是奴隶，宣称某人为自由人的一方将胜诉。若双方争抢一个奴隶，各自宣布他为己有，法官必须依据确凿证据做出判决。若证据对双方都有利或不利，法官宣誓做出判决。

在所有权上败诉者,要在五天内释放自由人,把奴隶归还其主人。若他不释放人也不归还人,则对他进行审判。胜诉一方有权得到赔偿。在放人之前,涉及自由人的案子赔偿五十斯塔特,并且扣留一日罚款一斯塔特;涉及奴隶赔偿十斯塔特,并且扣留一日罚款一德拉克马。若判决做出近一年,则赔偿以上罚款的三倍,不再多罚。法官宣誓判定日期。

做出判决时,如果该奴隶正在圣殿避难,那么败诉者本人或其代表可要求胜诉一方传两个成年的自由人作证,在奴隶避难的圣殿指认出这个奴隶。如果他不能在一年内归还奴隶,他将另外付一笔罚款。如果奴隶在案件审理过程中死亡,那么他要多付一笔罚款。

若一个科斯莫斯①带走了某人或某人带走了科斯莫斯的奴隶,则要在科斯莫斯离职后起诉。若发现有罪,则照章罚款,从将人带走之日算起。但带走败诉者的人或其抵押之人,则不受罚。

强暴及袭击。对男女自由人施暴者,罚一百斯塔特。对阿派太洛斯②施暴,罚十斯塔特。若奴隶对男女自由人施暴,则加倍罚款;若自由人对男女奴隶施暴,罚五德拉克马;若男农奴对女农奴施暴,罚五德拉克马。企图威逼诱奸家奴者,罚二斯塔特,若已实施诱奸,发

---

① 行政长官。——原注
② 不是奴隶但不享受公民全部权利的自由人。——原注

生在白天罚一欧宝，发生在夜间罚二欧宝，该奴隶可优先宣誓抉择。

企图诱奸在亲属保护之下的女自由人者，若有人证，罚十斯塔特。

通奸。与女自由人通奸者，若在女自由人父亲、兄弟或丈夫的房中被捉，罚一百斯塔特；与一个阿派太洛斯之妻通奸者，则罚十斯塔特；若奴隶与自由人妇女通奸，则加倍罚款；若奴隶与奴隶通奸，罚五斯塔特。捉奸者要在三位证人面前对一个被捉者的亲属宣布，在五天内被捉者可以被赎走。对奴隶的主人宣布时，则要有两名证人在场。若被捉者不能被赎走，捉奸者有权按他们的意愿处置被捉者。若某人宣称自己是遭到暗算，捉奸者要宣誓。涉及五十及五十以上斯塔特的案件，要同另外四人一道宣誓；涉及阿派太洛斯的案件，要同另外两人一道宣誓；涉及奴隶的案件，主人与另外一人一道宣誓。要向天起誓，表明自己的确在其通奸时捉到他而非陷害。

离婚。若夫妻离婚，妻子要得到她嫁来夫家时带来的财产。若私房财产产生收益，妻子得到一半。在夫家编织的物品，无论其为何物，亦得一半。若丈夫造成离婚，妻子还可得到五斯塔特；若丈夫宣称离婚不是因为自己，法官宣誓做出判决。若妻子拿走属于其夫的任何东西，罚款五斯塔特并归还拿走之物。但如果妻子否认曾顺手牵羊，法官宣誓决断，令该妇女在阿米克莱神殿女弓弩手像前以阿耳忒弥斯之名起誓否认。发誓之后，无论谁从妇女那里拿走该物，都要赔偿五斯塔特的钱款并归还原物。

遗孀的权利。一个男人去世且留有孩子，如果其妻子愿意，可以再嫁，当着三个成年自由人的面，可以拿走自己的财产及丈夫在遗嘱中留给她的财产。但如果她拿走了属于孩子的物品，则要接受审判。如果男人去世时没有孩子，她可以得到自己的财产及所织物品的一半，并且同家中继承人一起得到属于她的收益及丈夫在遗嘱中留给她的财产；若再拿走别的东西，则要接受审判。

●雅典要求颁布《德拉古法典》

公元前410年，亚西比德攻陷了库齐库斯。这一事件激励雅典人重新建立民主。随之而来的是不寻常的立法活动。雅典人设立了"将法律条文刻在石头上的人"这一职务，其职责是消除法律中的矛盾之处，并且重新刻下各种法律。根据吕西阿斯的记载，他们在职长达六年时间，并且会为了金钱滥用职权。当时的立法活动包括出台法令限制五百人会议的权利并明确其与公民大会及法庭的关系。

在以下法令中，五百人会议和公民大会要求法律篆刻者将《德拉古法典》重新刻在石碑上。公元前621年，《德拉古法典》颁布。《德拉古法典》包含对故意杀人和其他杀人罪的法律条款。然而，现有的版本中不包含针对谋杀的条款。人们普遍认为是梭伦废除了针对谋杀的条款，并且加入了新的条款。下面的铭文缺损严重，根据狄摩西尼的作品进行了部分修复。

> 法律篆刻者应在议事会书记的帮助下将《德拉古法典》刻在石碑上，并且将石碑放在巴西勒斯柱廊前，由司库官支付相关费用。
>
> 非预谋杀人之人将被流放。国王[①]将主持杀人案件的审判，五十一人法庭[②]将做出判决。如果被害人有父亲、兄弟或儿子在世，在他们全部同意的情况下可以达成和解，若有一人不同意则不能达成和解……
>
> 若有人杀死了正遭流放的杀人犯，或者造成了杀人犯的死亡，他将与杀死雅典人的杀人犯接受相同的处罚，由五十一人法庭做出判决。在我们国家内可以杀死或逮捕杀人犯，但不能虐待他们或为他们赎身。
>
> 如果在自我防卫时杀人，并且杀人不是出于主观意愿，国王将按照谋杀罪进行审判，五十一人法庭将做出判决。杀死奴隶与杀死自由人的审判程序是相同的。如果作为自我防卫当场杀死了正在抢劫的人，杀人者不受惩罚。

[①] 此处的国王究竟指谁至今仍有争议，但很可能是掌管法庭的四个部落的国王。——原注
[②] 由五十一个年满五十岁的贵族组成的法庭。——原注

第5章

医 学

(公元前5世纪)

Medical Science

(Fifth Century B.C.)

●迷 信

以下片段出自阿里斯托芬的《财神》,向我们展示了医学的发展情况。从早期开始到公元前5世纪,再到后来更长一段时间,人们一直在进行睡眠治疗。后文还可以看到古代最著名的医生科斯的希波克拉底的文章选段。

此处我们选择一部公元前4世纪早期的喜剧来展现公元前5世纪的场景。事实上,在一个世纪内,睡眠治疗这一习俗并没有太大变化。财神普鲁塔斯失明了。因此,对他来说,人们的赠予开始没有了区别。普鲁塔斯对那些不值得的人施舍了太多,却没有给真正的好人留下什么。一个生活富足的雅典人对此十分不满,决心带财神普鲁塔斯前往阿斯克勒庇俄斯神殿,治好他的眼疾。在这趟旅行中,这个雅典人的奴隶卡里翁一直陪伴着这位雅典人。后来,卡里翁又将这个故事告诉主人的妻子。选文诙谐幽默,具有教育意义。

卡里翁：于是我们来到神的界域。祭坛上摆着糕点和肉饼及给火神赫菲斯托斯的火焰的吃食。按照规矩，我们让财神普鲁塔斯在这里睡下，我们每个人都准备了被褥。

妻子：那里还有别人等着被医治吗？

卡里翁：还有一个是涅俄克勒得斯，他是半盲的，在盗窃本事上胜过那些眼神敏锐的人。还有许多人患有各种不同的病。不久，神殿的管事就来熄灭了灯火，嘱咐我们睡觉①，无论听到什么声响，都不要激动、作声。于是，我们便规规矩矩地睡下了。但我睡不着。在离一个老婆子的头不远的地方，放着一碗肉汤。这很吸引我，使我莫名其妙地想要爬过去。我向上一望，只见祭司从祭坛上把奶酪饼和干无花果都拿走了。然后，祭司绕着每个祭坛都走了一圈，看看是否有什么东西遗留在那里。他把发现的所有东西都收到一个口袋里。我以为这些事情都是合法的，于是便起身去拿盛汤的罐子。

妻子：好大胆的人，难道你不怕那个神吗？

卡里翁：怕啊，只怕他抢在我前头去拿罐子。因为祭司早就警告过我他会这么做。突然，老婆子听到我的脚步声，鬼鬼祟祟地伸出手来。我发出咝咝声，就像那黄色的神蛇。她立即缩回手去，将被窝裹紧了，在里面

---

① 因为神会在病人睡觉的时候前来治愈病人，所以叫作"睡眠治疗"。——原注

瑟瑟发抖,如同一只受到惊吓的猫。我把肉汤吃了大半,直到再也吃不下才停住。

妻子:但神没有到你那里去吗?

卡里翁:还没有呢……之后,我很害怕,立即盖住头。他脚步从容、轻盈地巡视着,为每个病人看病。①随后,一个小厮在他身旁放下了一只臼、一根杵木和一个药箱。

妻子:石头的吗?

卡里翁:不是,那小箱子不是的。

妻子:你怎么看见的呢?骗子,你不是说你的头被蒙住了吗?

卡里翁:我从破衣服里看见的。我的衣服上有不少窟窿……这之后,他在财神普鲁塔斯旁边坐下,先摸了摸他的头,随后拿起一块干净的手巾,擦他的两个眼皮。帕那刻亚用紫布盖好了自己整个头部,然后神张嘴发出咯咯声,随即两条巨蛇从神殿里窜了出来。

妻子:我的天!

卡里翁:两条蛇静静地钻到紫布下去,我猜,它们在舔财神普鲁塔斯的眼睑。然后,我的主母,在你喝完十杯酒前,财神普鲁塔斯便站了起来,眼睛看得见了。

——阿里斯托芬《财神》

---

① 卡里翁很自然地认为是神在走来走去给病人医治。事实上,每个阿斯克勒庇俄斯神殿中都有医生,他们从事医治病人这项活动并让神承担着美名。医学技术就是在这些地方发展起来的。——原注

●医学技术及职业的情况

公元前5世纪，虽然人们依旧相信通过贴护身符、做祷告及拜访阿斯克勒庇俄斯神殿等方式能够驱散疾病，但以科学观察和实验为基础的医学正在逐步消除魔法和各种各样的迷信。正如前文所说，医学是在神殿中发展起来的。科斯的阿斯克勒皮翁的医生是全希腊技艺最高超的。他们中最著名的当数科斯的希波克拉底。科斯的希波克拉底完全放弃了关于神殿的谬论和迷信，从而使医学完全科学化。柏拉图曾经写过，科斯的希波克拉底在雅典旅居并指导当地人医学知识。与他的同胞希罗多德一样，科斯的希波克拉底游历四方，对任何与医学相关的事物都会仔细观察。与希罗多德相同的是，科斯的希波拉克底也使用爱奥尼亚方言创作。在希腊不同地方授课时，他使用的也是爱奥尼亚方言。

科斯的希波克拉底发明了许多术语，例如慢性病、急症、危险期等。盖伦的许多作品都包含对科斯的希波克拉底的评论注释。虽然科斯的希波克拉底致力于打破老旧的习俗，但阿斯克勒皮翁等地并没有因他的影响而失去声望或人民支持。

科斯的希波克拉底十分重视风、水、温度、土壤等外部环境因素。他根据自然状况及政治状况对比了亚细亚人和欧罗巴人。他对古代文明的研究具有十分重要的价值。他的誓词表达了医学这一职业的崇高道德理想。以下为科斯的希波克拉底作品节选。

（一）科斯的希波克拉底的名言警句

人生苦短，艺术恒久。各种紧急情况总是来得太突然，经验总是充满了欺骗性，想要做出判断是十分困难的。因此，要时刻做好准备进行必要的操作，病人同样需要做好准备，人与外在环境要相辅相成。

腹泻、呕吐是人体对疾病的一种自发治疗过程。如果这些器官本就应该得到净化，那么它们就会得到净化，患者便可受益。反之，则对患者身体有害。医生还要考虑到地域、季节、年龄及所患不同疾病的影响。

对专业运动员来说，将最佳竞技状态发挥到极致是危险的，尤其是职业生涯快结束的运动员。因为他们既不可能保持不变，又不可能得到休息。如果得不到休息，他们就不能获得进一步的提升，那么状态就会向更坏的情况发展。因此，运动员应尽快恢复到普通状态。这样一来，身体才能重新自我修复。也不可以极端节食，因为过度节食非常危险，对食量的控制应该根据个人的体质而定。控制人体的排泄也是如此，达到极限则有危险。在承受能力很低的情况下，通过大量饮食来修复人体也是十分危险的。

如果睡眠时疼痛加剧，那么所患疾病很可能是致命的。如果睡眠时有所缓解，则不是致命的。

精神错乱后，如果能够入睡则对患者有益。

睡眠和醒着的时间超出正常则对身体有害。

无论是饱食还是禁食，或者其他任何事情，一旦超过自然限度都是坏事。

莫名其妙地感到疲倦意味着身体可能患上了某种

疾病。

身体出现疼痛性损害,但感受不到疼痛,则患者精神紊乱。身体若长时间消耗,必须补给营养慢慢复原;如果消耗的时间很短,则可以快速复原。

病人如果在疾病痊愈后通过补给营养无法补充力气,则说明吸收了过多的营养。如果因为不能进食而持续虚弱,则说明病人需要进行排泄。

液体食物比固体食物更容易使身体恢复。

危险期结束后,残留的东西通常不会使疾病复发。

预言急症病人的死亡或痊愈是无把握的事。

急症通常会在十四天内进入危险期。

生病的第四天会反映出前七天的情况。第八天则是下一周期的开始,第十一天可以做出判断,因为它是第二周期的第四天。第十七天也需要格外关注,因为它是十四天后的第三天。

病的发生主要是因为四季的变化,或者某个季节内气温的巨大变化——由寒变暖或由暖变寒。

有些人的体质更适应夏天,有些人的体质则更适应冬天。

同一季节中的某一天,如果温度忽冷忽热,人们可能会生病。

南风使人耳聋、眼花、头疼、懒散、虚脱,南风盛行时人们生病会表现出上述症状;北风使人咳嗽、咽喉疼、便秘、疟疾、身体两侧及胸腔疼痛,北风盛行时人们生病会表现出上述症状。

如果夏天气候如同春天,人们发热时会大量出汗。

若四季气候正常,则疾病较轻且容易诊断;若四季气候失常,则疾病较重且不易诊断。

四季当中,秋天发生的疾病最急且最容易致死;春天的气候对身体有益,很少出现致死疾病。

(二)科斯的希波克拉底誓言

医神阿波罗、阿克索及天地诸神为证,鄙人宣誓,愿以自身能力和判断力所及,遵守此约。凡授我艺者敬之如父母,作为终身同世伴侣,彼有急需我接济之。视彼儿女,犹我弟兄,如欲受业,当免费并无条件传授之。凡我所知,无论口授还是书传,俱传予吾子、吾师之子及发誓遵守此约之生徒,此外不传与他人。

我愿竭尽我的能力和判断力,遵守为病人谋利的信条,检束一切堕落及害人行为。我不将危害药品给他人,并且不做使用危害药品的指导,即便别人请求也必不给他。尤其不为妇人施堕胎手术。我愿以此纯洁与神圣之精神终身执行我的职务。凡患结石者,我不施手术,结石手术有待专家来做。

无论到何处,遇男或女,贵人或奴婢,我的唯一目的是为病患谋幸福,并且检点吾身,不做各种害人的恶劣行为,尤其不做诱奸之事。凡我所见所闻,无论有无业务关系,我认为应守秘密者,我愿保守秘密。如果我严守上述誓言,请求神祇让我的生命与医术能得到无上光荣,如果我违誓,天地鬼神共殛之。

(三)论风、水和地方

任何人如果打算探寻医学,必须做到以下几点:首先,他要考虑一年不同的季节,每个季节有什么特点,因为没有两个季节是相似的;然后,要考虑热风和冷风,以及每个人的相似点和每片土地的不同之处;此外,还要考虑水质,不同的水质会对人产生不同的影响。当一个人来到一个陌生的城市,必须对其地理位置做出判断,从而判断风如何作用及太阳的起落。位于东南西北不同的方向,相同的影响也会产生不同的效果。这些事情都要周全地考虑到。关于水质,他要了解某个特定地区的人饮用的是硬水还是软水,水来自哪里,是苦的还是咸的。关于土壤,他要了解土壤是干旱贫瘠的还是潮湿肥沃的,是位于平原地带还是位于高原地带。关于人们的饮食习惯,他要了解他们是属于喜欢喝酒、吃早饭、无法忍受饥饿的类型,还是喜欢锻炼、吃得多、喝得少的类型等。

下面我想阐述一下亚细亚人和欧罗巴人的不同,我认为这两个人种之间存在着巨大差异,完全没有相似的地方。我将挑选一些最重要的、最显著的差异来讲述。首先,亚细亚的所有生物——人和植物——都与欧罗巴不同。亚细亚的所有生物都长得美丽高大,并且这里的居民的性格也更温和。原因是亚细亚位于冬日和夏日太阳升起的方向之间,四季分明,气候温和,远离寒冷。

在亚细亚，没有一种独断的能量，所有一切都是平等分配的。因此，一切都能够温和地成长。然而，亚细亚并不是所有地方都完全一致：位于寒带和热带中间的地区物产比较丰富，树木比较茂盛，气候温和，水源充足，没有酷热和干旱。在这里，许多植物可以得到完全的生长，直至成熟，只要播种就能有好的收成，即使不播种，大地上也有自然产出的丰饶物产。在这里，野生的果树被人们移植栽培到适宜的土壤中。这里的牛、羊等家畜代代繁衍。这里的人们营养充足，外表俊朗，体型壮硕，人与人之间体型上的差异不大。当然，在这种几乎四季如春的、温和的地方，人的勇气、毅力及耐受性自然不会萌发，但快乐是他们永久的享受。

说到亚细亚人缺乏勇气和男子气概，在我看来，这主要是因为亚细亚人比欧罗巴人更文雅且不好战。这是基于亚细亚的季节特点做出的推论，亚细亚的气候不会发生冷热的剧烈变化。

因为这里没有精神打击和剧烈的肉体变化——这些因素是促成性格坚强、产生激情、防止死板呆滞的主要因素——所以亚细亚人是缺乏活力的。除此之外，还有法律的原因。亚细亚的居民大部分受到国王的统治，他们自己不做主、不独立，完全听命于统治者。因此，他们不会自我锻炼，而是会尽量变得不好战。他们面临的危险与欧罗巴人不同。这就造成他们是为了主人与妻子、朋友分开，经历战争和苦难然后死亡。他们中杰出人物的行为只能表现在为国家的扩张而阵亡。如此下去，他们的土地必然会因敌人的增多及自身的懒惰而荒芜。因此，即使是那些天生勇敢且勤奋的人，他们的心智也会因自身地位的变化而出现变化。以下就是一个很好的例子：生活在亚细亚的希腊人及蛮族如果不受其他统治，而是自我管理，那么就会为了自己而辛勤劳作。同时，他们是最好战的，因为他们是在为自己冒险。英勇将带来益处，而怯懦只会带来坏处。

第6章

宗 教
(公元前479年到公元前404年)

Religion
(479—404 B.C.)

本章包含公元前5世纪的一些铭文。铭文的内容主要与宗教相关，同时提供了其他方面的一些信息。

●提奥斯人对犯罪之人的诅咒

该铭文在位于士麦那以南的小亚细亚海岸的提奥斯遗址被发现。刻有铭文的两根石碑只有第一部分是现存于世的。从文字的样式、对海盗及野蛮人的提及可以推断，铭文应该产生于波斯人兵败米卡列到提奥斯加入提洛同盟这段时间内，也就是公元前475年左右。尽管对我们来说很陌生，但在希腊早期，实行各种制度时常常伴随着使用诅咒。

> 如果有人对整个提奥斯或某个提奥斯人下毒，他和他的亲人都将不得好死。如果有人以任何方式阻止粮食进口到提奥斯境内，或者拒绝接受已进口的粮食，他和

他的亲人都将不得好死。

如果有人不遵守提奥斯法令执行官或最高长官的命令,他和他的亲人都将不得好死。如果在未来,有人处死了无辜的人,或者背叛了自己的祖国或同盟,或者在提奥斯领土或海上抢劫,或者有海盗行为,或者同希腊人或异族人合伙设计阴谋危害国家,他和他的亲人都将不得好死。有公职的人,如果在安塞斯特里昂节等节日的公民集会上没有尽全力诅咒,那么就让他们自己接受诅咒。如果有人破坏刻有诅咒的石碑,或者移走它们,或者破坏石碑上的内容,他和他的亲人都将不得好死。

●关于雅典娜神殿及其女祭司的法令

以下铭文向我们描述了无翼胜利女神神殿[①]是如何建成的。公元前450年到公元前447年,应该是该铭文的产生时间。制订神殿建造计划的卡里克利是帕台农神殿的建筑师之一。铭文不仅帮助我们了解如何建造这类神殿,也让我们知道当时女祭司的收入和福利情况。

雅典娜神殿的女祭司及其父母必须拥有公民身份,

---

① 即雅典娜胜利神殿,因为神殿中的雅典娜像缺少双翼,所以又被后世称为"无翼胜利女神殿"。——译者注

要从符合资格的雅典女性中选拔。神殿必须有一个大门,大门的规格要符合卡里克利的规定。女祭司应得到五十德拉克马,以及献祭动物的腿部和兽皮。神殿和祭坛的具体尺寸都要符合卡里克利的规定。从议事会中选出三个人组成一个小组,帮助卡里克利制订神殿各部分的规定,然后将规定上交议事会。

● 同一内容的其他法令

逃跑的奴隶和顺手牵羊的小偷都无法进入卫城。卡里克利将制订好神殿各个部分的规格,并且确保六十天内完工。守卫由三个弓箭手组成[①]。

● 关于从众神的金库中借钱如何归还的法令

此铭文刻在大理石石板上,曾经是希腊某教堂祭坛的一部分,现在存放于卢浮宫内。它很可能出现在公元前435年到公元前434年之间。

当时,雅典经济高度繁荣。尽管修建神殿和其他公共建筑花费了大量金钱,但国库的积蓄使雅典人能够归还之前从雅典娜金库借走的三千塔兰特。值得注意的是,古希腊各城邦没有公债或

[①] 此处的弓箭手为市民,而普通的雅典警察其实是奴隶。这些奴隶起初来自塞西亚,所以也被称为塞西亚弓箭手。——原注

国债体系，但在紧急时刻政府可以从神殿借钱。因为宗教也是国家的一部分，所以这种做法的实质是将钱从一个地方转移到另一个地方，等到条件允许的时候再转移回去。因此，神殿中钱财的积累也是国家财富的积累。除归还从雅典娜金库借走的钱之外，政府也有能力偿还从其他金库借走的、小数目的金钱。

根据投票，向雅典娜神殿借走的三千塔兰特应该用我们自己的钱偿还，应该用司库官手中的钱和土地租赁费用产生的收益偿还。三十名审计官应精确计算出欠众神的钱，议事会有权召集审计官。执政团及议事会负责偿还债务，偿还完毕要消除石碑或账簿上的债务记录。祭司等相关人员要记录此事。众神金库的司库官由抽签产生，选举时间与地方法官相同，任职时间与雅典娜金库司库官相同。众神金库的司库官应该将属于众神的金钱放于卫城的后殿中。后殿大门的打开、关闭和密封需要同雅典娜金库的司库官共同完成。从司库官等人处接收的钱，需要在议事会的见证下计算、称量并记录下属于每个神的金额和总额，以及金和银的数量。之后，司库官要在石碑上记录下当年金钱的积累情况和花费情况，并且将石碑放于卫城。向众神归还金钱后，剩余的钱将用于造船厂和修建防御工事。

●关于将第一批水果献给厄琉西斯女神的规定

伯利克里的一个目的就是利用宗教确保雅典在希腊事务中的领导地位。这就是伯利克里要修复被波斯入侵者毁坏的多座神殿的原因。伯利克里实施厄琉西斯崇拜也是出于同样的目的。他有极大的可能获得成功，因为厄琉西斯崇拜已经蔓延到阿提卡边境之外的地区，如西西里岛了。在后来的一段时间，即公元前444年到公元前436年，采用如下法令：雅典人和盟友要将丰收的第一批水果献给厄琉西斯的两位女神，同时欢迎其他希腊人加入其中。

雅典人要根据传统和德尔斐的神谕将丰收的第一批水果献给两位女神[①]。每个村的村长收集各村的祭品并带到厄琉西斯，交给祭祀长官。根据传统，祭祀长官和建筑师要选择合适的地方挖三个洞，并且将祭品放入洞中。同盟[②]也要用第一批水果来献祭。他们将祭品送到雅典，并且由专人送到厄琉西斯，交给祭祀长官。在五天内，如果祭祀长官没有接受祭品，将每人罚款一千德拉克马。接受村长的祭品也是如此。公民大会选出传令官，传令官尽快告知人们该法令。在秘仪节[③]上，大祭司和火炬手会要求希腊人根据传统和德尔斐神谕将丰

[①] 德墨忒尔和珀耳塞福涅。——原注
[②] 提洛同盟及雅典帝国的各个城邦。——原注
[③] 每年九月在厄琉西斯庆祝秘仪节。——原注

收的第一批水果献祭。祭祀长官要记下每个村庄和每个城邦分别献祭多少,并且在厄琉西斯神殿和公民大会会堂展示。公民大会派人告诉希腊其他城邦献祭的情况,并且呼吁其他希腊城邦也根据传统和德尔斐神谕献祭。这些城邦如果有人带来祭品,祭祀长官也会以相同的方式收下。祭祀长官将根据掌管厄琉西斯典礼的家族的要求,使用圣粥祭祀,将粮食、饰有金角的一头公牛和两只其他动物①供奉给两位女神。一只成年的绵羊供奉给特里普托勒摩斯,一头饰有金角的公牛供奉给雅典娜。祭祀长官将出售剩余的各种粮食,同公民大会一起向两位女神献祭,并且在祭品上标注它们来自第一批丰收,以及贡献之人的名字。最终,这么做的人会获得好的回报和大丰收,前提是他们不做任何对不起雅典和两位女神的事情。

●厄瑞克修姆神殿的建造

一、材料使用情况

公元前409年至公元前408年,在绝对民主恢复之后,雅典人重新开始了厄瑞克修姆神殿的修建工作,厄瑞克修姆神殿在卫城之上,其美丽程度仅次于帕台农神殿。我们不知道它是从何时开始修建的,究竟是签署《尼西亚斯和约》的公元前421年,还是伯

---

① 通常是一只公绵羊和一只公山羊。——原注

罗奔尼撒战争爆发之前,我们无从知晓。它被献给城邦的守护神雅典娜·波利阿斯及雅典的英雄国王埃瑞克修斯。下文描述了重新修建厄瑞克修姆神殿时所用材料的情况,由神殿修建的监管委员会撰写。

我们使用了以下半成品:

靠近刻克洛普斯圣殿[①]的地方——

长四英尺,宽两英尺,厚三点五英尺的材料,四块

长四英尺,宽三英尺,厚一点五英尺的用于顶层的材料,五块

长七英尺,宽四英尺,厚一点五英尺的角块,一块

长十英尺,高一点五英尺的曲面石料,一块……

大门的正面——

我们发现祭祀圣坛尚未完成,屋顶的横梁和连接梁尚未安装牢固。

靠近刻克洛普斯圣殿的一面——

楣梁上的青铜装饰品需要加工完成。

加工完成的石头制品如下——

长四英尺,宽两英尺,厚一点五英尺的石块,四块……

面对着潘朵席翁圣所的墙壁,一块长七点五英尺,宽二点五英尺的半成品。

---

① 位于厄瑞克修姆神殿的西南角。——原注

廊柱上有七个山形墙，长七点五英尺，宽三点五英尺，厚一英尺，半成品……

四扇木门，每个八英尺高，二点五英尺宽，其他部分均已完工，只剩将黑色的石头镶嵌进门的轨道中。

祭祀圣坛使用的潘泰列克大理石三块，长四英尺，高两英尺，厚两英尺……

二、建造及材料支出

下文展现了公元前408年厄瑞克修姆神殿修建时的部分花销情况。由于铭文残缺不全，我们无法确定总花销。这一文献的价值在于它为我们提供了劳工的社会阶层、他们的工资情况，以及某些材料的费用等信息。雅典市民通常是靠所属村落的名字来进行区分的，而不是通过他们父亲的名字或者父亲村落的名字。异邦人则会被描述为"住在某地的某人"，奴隶则会被描述为"某某的奴隶"。因此，可以算出共有八十一人参与建造，其中二十四个是雅典公民，四十个是邦邦人，十七个是奴隶。除此之外，还有一些人是无法被分类的。但从以上数据我们可以看出，大部分的工作是由自由人完成的。还有一个最值得注意的事实就是，雅典公民、异邦人及奴隶每日收到的工钱都是相同的，都是一德拉克马。

修建屋顶：

住在克莱特斯的马尼斯	一德拉克马
住在斯堪波尼的克里萨斯	一德拉克马

住在米利特的安德里亚斯　　一德拉克马

住在阿盖尔的普莱潘　　一德拉克马

拆卸脚手架：

住在库达忒奈翁的透克尔　　一德拉克马

阿西奥皮提斯的奴隶　　一德拉克马

搭脚手架：

居住在克莱特斯的马尼斯　　四德拉克马

辅助工人　　八十四德拉克马五点五欧宝

锯木匠两人，工作二十三天，每人每天一德拉克马

住在克莱特斯的拉迪乌斯及他的合作者　　四十六德拉克马

锯木匠合计　　四十六德拉克马

蜡画画家：

楣梁内部波纹花边　　五欧宝每英尺①

蜡画画家合计　　三十德拉克马

建筑师阿盖尔的阿尔基洛科斯　三十七德拉克马

---

① 在这里我们可以注意到有些艺术家是根据他们完成的工作来计算费用。——原注

下级职员皮瑞吉翁　　　三十德拉克马五欧宝

合计　　　　　六十七德拉克马五欧宝

共计支出　一千七百九十德拉克马三点五欧宝

在第七部团期，从雅典娜金库、阿瑞撒克穆斯及其他官员处共收到四千三百零二德拉克马一欧宝。

花费：

基菲萨的菲洛玛科斯，胸甲旁的少年　六十德拉克马

住在米利特的帕西亚斯，马及马背上的人　一百二十德拉克马

基菲萨的菲洛玛科斯，圣坛旁倚着手杖的人　六十德拉克马

克莱特斯的伊阿索斯，拥抱的少女与妇女　八十德拉克马

宗教雕像花费　　三千三百一十五德拉克马

●建成的厄瑞克修姆神殿及对雅典娜的敬奉

这里有一座厄瑞克塞姆神殿，大门外是宙斯圣坛。宙斯圣坛摆放的祭品不是活物，而是糕点，根据习俗也不能放酒。神殿内有若干个圣坛：一个波塞冬圣坛，一个部忒斯圣坛，还有一个赫菲斯托斯圣坛。再往里走，有一个装有海水的井。这一点并无特别，许多内陆地区也是如此。但此井的特殊之处在于当南风吹起的时候，

井里会发出海浪的声音。井上的一些石头也会呈现出三叉戟的形状。据说，这些都是波塞冬统治这个国家的证据。对整座城邦来说，雅典娜是神圣的。虽然人们也会敬奉其他神，但对雅典娜则是崇拜至极。在城邦中，最神圣的物件就是卫城中的雅典娜像。传说雅典娜像是从天上掉落的。我不会探究这一说法究竟是真是假。卡利马科斯为女神制作了一个金色的灯盏。加满油后，灯能持续亮一整年。

——帕萨尼亚斯《希腊志》

●克沃斯岛的尤利斯关于葬礼的法律

此铭文发现于克沃斯岛的尤利斯，以文献学为依据判断，应属于公元前5世纪的最后二十五年，即公元前425年到公元前400年。但其中的法律应该更古老，可能只是经过重新颁布或修订。在古希腊国家，禁止奢侈和大操大办葬礼的法律十分常见。这要归功于多位著名的立法者，尤其是梭伦。大多数时候，我们只能从古代作者那里间接了解与此有关的、零星的信息，尤利斯严格的法律则向我们介绍了希腊的丧葬传统。除此之外，还提到了一些有趣的迷信。

以下是与逝者有关的法律。人们应该以这种方式处理死者：用三片白布包裹逝者，或者更少，布的总价不能超过一百德拉克马。人们不得携带超过九夸脱的酒和三夸脱的油前往坟墓。之后,盛酒和油的容器要带走。人们将死者抬往坟墓时要遮盖其面部[①],并且在路上保持安静。人们可以依照传统进行初步献祭[②]。第二天将会有一个自由人用海水泼洒房屋[③],然后将海索草放到所有房间。所有清理结束后,房间就纯净了,可以在灶边进行献祭。

参加葬礼的女人不能在男人之前离开。

不能在第三十天为死者举办宴席[④]。不能在床下放杯,不能倒水,不能将垃圾带去坟墓。

无论人在哪里死去,女人都不能进入摆放尸体的房屋,除了那些已经被死者污染的人,也就是死者的母亲、妻子、姐妹和女儿。除她们之外不能超过五人,即姐妹和女儿的孩子不超过五人。被污染的人要用水冲洗自己的身体,从而变得纯净。

●雅典人对逝者的崇敬

下文让我们进一步了解了逝者同自己亲属之间的关系。值得注意的是,人们相信,去世的父亲的灵魂,如果受到正确的召唤,会从坟墓里出现帮助女儿抵御敌人。

---

① 以免污染城市的街道。——原注
② 可能是埋葬之前进行的献祭。——原注
③ 海水能够洗净人身上的脏东西。——原注
④ 在雅典,葬礼三十天后举办纪念宴席。——原注

阿尔戈斯的王后克吕泰墨斯特拉谋杀了自己的丈夫阿伽门农。为此，克吕泰墨斯特拉受到了严厉的惩罚。某天做了一场噩梦之后，克吕泰墨斯特拉派自己的女儿克律索特弥斯前往被谋杀的国王阿伽门农的墓地献祭。在路上，克律索特弥斯碰见了另一个女儿厄勒克特拉，发生了如下对话：

克律索特弥斯：那么我要干我的差事去了。

厄勒克特拉：你去哪儿？你拿这些贡品给谁？

克律索特弥斯：母亲派我去祭奠父亲。

厄勒克特拉：你说什么？祭奠她最恨的人？

克律索特弥斯：你想说被她亲手杀死的那个人。

厄勒克特拉：是她的哪个朋友劝她的？这是谁的念头？

克律索特弥斯：我想，是夜间的噩梦引起的。

厄勒克特拉：我的父族之神，请此刻来援助我吧！

克律索特弥斯：从她的恐惧里，你得到了什么鼓舞？

厄勒克特拉：如果你告诉我她梦见什么，我就能回答。

克律索特弥斯：我能告诉你的只有一点点。

厄勒克特拉：尽你所能吧，往往一两句话能决定你的祸福。

克律索特弥斯：据说她梦见，我们的父亲阿伽门农回到阳间，重新和她在一起，然后他拿起权杖，将权杖插在地上。权杖即刻长成一棵大树，枝叶茂密，盖住整个迈锡尼的大地。①我就只知道这些。这是她身边的一个人告诉我的。她在向太阳神披露梦境时,这个人在场。我知道的就只有这些了。现在,我以我们家室之神的名义求你,听我的话,别因鲁莽而毁了自己!你如果现在拒绝了我,将来再来求我时就要吃足苦头。

厄勒克特拉:不,亲爱的妹妹,你手里的这些东西,别让它们中的一样东西触到坟墓。因为无论是习俗,还是对神的信仰都不允许你把这些祭品或酒礼——它们来自一个可恨的妻子——献给父亲。不,扔掉它们,或者把它们深埋地下,让它们永远不会出现在父亲的墓地。相反,母亲死后可以找到这些储藏在地下的财宝。

她如果不是一个最卑鄙的女人,是永远不会想到将这些可恨的礼物祭献给被她谋杀的那个人的。现在你想想看,墓里的死者能否接受她手里的这些礼物?这个女人像敌人那样无情地杀了他,分了他的尸,接着为了消除罪恶,洗去了他头上的血污。你相信你手里的这些东西能赎免她的谋杀之罪吗?

这是不可能的。不,把这些东西扔掉吧!你呀,倒不如剪下你的一绺头发献给他,再加上我这不幸者的可怜的头发。但对我来说,一绺没有梳洗打扮的头发和一根没有华美装饰的腰带已是最好的东西。你献上这些

---

① 这一征兆预示着吕泰墨斯特拉正在被流放的儿子俄瑞斯忒斯长大成人,继承了父亲阿伽门农的王权。——原注

东西后，跪下来求他好心离开冥间，来援助我们对付仇人，让他的儿子俄瑞斯忒斯有一天能取得胜利，把仇人踩在脚下。从而在以后祭奠时，让他们献上比现在更值钱的东西。

我相信，是的，他已经起了一些作用：给她送去了这个可怕的梦。但我的妹妹，你还是要做这件事情，帮助你自己，也是帮助我和他——人间最亲爱的人，躺在冥府里的、我们共同的父亲。

（旁白）这姑娘的话符合神意。我的朋友，你如果是明智的，就照她吩咐的去做。

克律索特弥斯：我会的。该做的事既已明确，理性禁止两个人再争论下去，应该赶紧行动。只是我以诸神的名义求你们别说出去。因为如果我的母亲得知了这件事情，我想我迟早会有理由后悔的。

（旁白）如果我不是一个荒谬的预言者，如果我不是一个没有智慧的人，那么手握审判权力的女神正送来预兆。孩子啊，用不了多久手握审判权力的女神就会降临帮你们复仇。我心里充满勇气，因为令人舒心的梦带来了新的信息。因为你的父亲，希腊人的王，一直没有忘记仇人。那柄古老的黄铜双刃斧，一直没有忘记被用作残杀工具的耻辱。

复仇女神将足蹬铜鞋，挟着千军万马的声势走来。因为这邪恶的一对受情欲驱使，非法同居，犯了谋杀之罪，结成了双手沾满鲜血的夫妻。因此，我深信预兆不会不灵验,一定会给这邪恶的一对带来报应。如果这梦境得不到应验,凡人就真的无法凭可怕的噩梦和神的预言预见未来了。

——索福克勒斯《厄勒克特拉》

●克洛诺斯及其宗教组织

克洛诺斯是阿提卡的一个区域,位于雅典西北部一英里[①]左右。克洛诺斯是索福克勒斯出生的地方。据记载,当时,整个希腊雨水充足,克洛诺斯十分美丽,不像现在早已荒无人烟。

下文记载了克洛诺斯的各种宗教组织,同时展现了当地的美景和诗人对自然的喜爱之情。

客人啊[②],你来到这个以出产骏马闻名的、世上最美的地方——辉煌的克洛诺斯。夜莺栖息在深紫色的常春藤里,又在鲜绿色的林间空地鸣叫着。这里风吹不进,阳光照不进,果实累累,是凡人不许踏入的酒神丛林。那狂欢的狄奥尼修斯没日没夜地在这里游逛,由哺育他的神女陪伴。

一直就是装饰两位伟大女神[③]花冠的水仙花。水仙

[①] 英制长度单位,1英里等于1609.344米。——译者注
[②] 此处的客人是指俄狄浦斯,他在流放之际来到克洛诺斯。说话的人是克洛诺斯的长者。——原注
[③] 德墨忒尔和她的女儿珀耳塞福涅。——原注

受到天露滋养，天天开着美丽的花。此外，还有番红花，舒张着金黄色的花朵。长流不歇的泉水不断充盈着克菲索斯河，让克菲索斯河洁净的水日复一日地淌过肥沃的平原，滋润着辽阔的土地。唱歌的缪斯，手持金色缰绳的阿佛洛狄忒，都不讨厌这个地方。

这里生长着一种树，我从未听说亚细亚的土地上生长过，也从未听说珀罗普斯的伯罗奔尼撒半岛上有过。它不是被人种下的，而是自然生长的，在这块土地上茂盛生长，不因敌人的戈矛而畏惧。它便是养育男儿的、青青的橄榄树。老老少少不得动手砍伐它、毁坏它。圣橄榄的保护者宙斯用警醒的眼睛看守着它，目光炯炯的雅典娜也看守着它。

我还要夸耀我的祖国，赞美伟大的神的赏赐——这个地方最大的荣耀：好马、良驹和大海。

克洛诺斯的儿子，我们的主波塞冬[①]啊，你曾使我的祖国登上光荣座位。在这里的大道上，你最先使用驯服烈马的嚼子。你教会了我们使用好看又合手的桨，追寻海中百足仙女涅瑞伊得斯。

——索福克勒斯《俄狄浦斯在克洛诺斯》

[①] 波塞冬是海神，同时是掌管马匹的神，在克洛诺斯有一座神殿。——原注

●众神是人类的创造

作者克里底亚是"三十僭主"的领导者,在伯罗奔尼撒战争结束后残暴统治了雅典一段时间。克里底亚尽管才华横溢,但没有高尚的品德。在下文中,克里底亚对众神的存在提出了大胆的质疑,作品的犀利程度甚至超过欧里庇得斯的作品。

人类与野兽曾经一样过着无序的生活。当时,暴力统治着一切,善行不会得到奖励,恶行不会受到惩罚。后来,人们建立了法律,作为惩罚的依据,违反法律之人必将受到惩罚。这样一来,正义就成了独裁者。法律禁止人公开使用暴力,有些人暗地里依旧使用暴力。因此,某个聪明之人为人类发明了"众神"这一概念。结果,即便是秘密从事恶事也是不被允许的。他说,神是一种至高无上的、不朽的存在。神能听到人类说的任何话,能感受到发生的一切。人类即便是背地里从事恶行也逃不过众神的眼睛。他说,众神住在一个让人类心生恐惧的地方,并且在人类中散播这种恐惧……我相信,人类就是这样接受众神的存在的。

——克里底亚《西绪福斯》

第7章

人物特征、文学批评及艺术

(公元前404年到公元前337年)

Personal Character, Literary Criticism, and Art

(404—337 B.C.)

●吕西阿斯的生平及创作风格

哈利卡纳苏斯的狄奥尼修斯的作品为我们了解不同希腊作者的论述提供了巨大的帮助。他的作品中还引用了大量名人传记和历史事件,可以被当作有价值的史料。选文的题材是哈利卡纳苏斯的狄奥尼修斯最擅长的。

吕西阿斯是刻法罗斯的儿子。吕西阿斯的父母都是锡拉库萨人。吕西阿斯出生于雅典。当时,他的父亲刻法罗斯是雅典的客籍民。十五岁的时候,吕西阿斯和他的两个兄弟一起来到图里,加入了图里的殖民队伍。当时,距离伯罗奔尼撒战争爆发还有十二年。作为公民,吕西阿斯一直生活在图里,享受着繁华的生活,直到西西里的灾难发生。在之后的一次暴动中,吕西阿斯同其他三百人一起遭到了流放,原因是同情雅典。

四十七岁的时候，吕西阿斯回到了雅典。当时，正值卡利亚斯执政。[①]吕西阿斯的余生也是在雅典度过的。他为法庭、公民大会、集会等场合创作了多篇演讲，还创作了颂词等其他题材的作品，风头盖过了曾经及当时许多演说者。吕西阿斯后来的人中几乎没有名气超过他的，因为每种形式的演说他都十分擅长。现在我想要阐述以下几个问题：他的演讲术有什么特点；他使用了什么样的改进方式；与同时代的其他演说者相比，他有什么长处，有什么不足；我们应该从他身上学到什么。

吕西阿斯的风格十分纯粹，是典型的阿提卡风格。阿提卡风格是当时十分流行的风格，而不是柏拉图和修昔底德使用的古体风格。这从安多喀德斯、克里底亚和其他人的演说中都可以得到印证。语言的纯粹是演讲最重要的元素。在这一点上，除了伊索克拉底，后来的人没有一个能超过吕西阿斯，甚至几乎没有人有模仿他的能力。在我看来，伊索克拉底的用词是仅次于吕西阿斯的。对演讲者来说，语言的纯粹是一种优点，值得学习和效仿，吕西阿斯也是最好的学习对象。

吕西阿斯还有一个同样重要的优点得到许多名人的效仿，却没有被超越。那就是在演说中使用恰当且常用的词汇。我们可以发现，吕西阿斯使用的比喻是最少的。不仅如此，他还能够用最普通的语句，而不是诗情

[①] 公元前413年到公元前412年。——原注

画意的语句，让某事物显得非凡、崇高或重要。在这个方面，吕西阿斯的前辈做得不尽如人意。前辈想要为某一主题增光添彩，便会抛弃惯用语，转而使用晦涩难懂的语句，加上许多排比和夸张，以及不常见的词组……

吕西阿斯的第三个特点就是清晰，不仅体现在用词上，还体现在对主题的处理上。这一点是许多作者都做不到的。例如，最擅长陈述事实的修昔底德和狄摩西尼。他们的许多观点读起来晦涩难懂，需要有人做出进一步解释。吕西阿斯的用语明确清晰，即便是不懂古代文体的人也能看懂。用清晰的词语进行简明扼要的表达本来就是一件十分困难的事情。充分使两者结合，则是吕西阿斯胜过其他人的地方……

吕西阿斯的风格还有着很强的戏剧感染力。这是一种让所说之事贴近听者感受的能力。认真听吕西阿斯演讲的人不会感到沉闷无聊，而是能够紧跟演讲者的思路，抓住故事的细节。

——哈利卡纳苏斯的狄奥尼修斯《吕西阿斯赏析》

●狄摩西尼的生平

下文也是引自一位雄辩家，他真正的名字我们无从知晓。他的作品被保存在普鲁塔克的《道德论集》中。显然，他的作品取材于哈利卡纳苏斯的狄奥尼修斯和卡拉卡特的凯基利乌斯。卡拉卡特的凯基利乌斯和狄奥尼修斯一样是奥古斯都时代的雄辩家和批评家。《十演说家传》是我们了解十大演说家生平的主要材料。

狄摩西尼是派阿尼阿人。他七岁时，父亲狄摩西尼便去世了，留下了他和他五岁的妹妹，由母亲克莱布抚养长大。一些人说，狄摩西尼师从伊索克拉底。但大多数人认为，狄摩西尼是卡尔西迪亚人伊赛奥斯的学生，而伊赛奥斯的老师是伊索克拉底。狄摩西尼喜欢模仿修昔底德和柏拉图。于是有人认为他接受过柏拉图的教育。赫革西阿斯曾经写道，狄摩西尼曾请求老师准许自己去听卡利斯特拉托斯的演讲，老师是一个优秀的演说家和军队指挥官。狄摩西尼听完卡利斯特拉托斯的演说后，深深地爱上了演说，并且拜卡利斯特拉托斯为师。

然而，不久之后，卡利斯特拉托斯就被流放到色雷斯。狄摩西尼变得更加成熟，加入了伊索克拉底和柏拉图的行列。后来，狄摩西尼邀请伊赛奥斯前来讲课，并且花了四年的时间努力模仿伊赛奥斯的演说技能。成年之后，狄摩西尼叫来自己的监护人和老师，痛斥他们对自己的不公正对待。狄摩西尼共有三位监护人，阿佛卜司、泰里皮德斯和德摩丰。作为叔叔的德摩丰受到狄摩西尼最严厉的指责。狄摩西尼控告每个人赔偿他十塔兰特，并且获得了胜诉。

亚里斯多丰由于上了年纪不能继续任职后，狄摩西尼接任了合唱团的指挥。狄摩西尼任职期间，米狄亚斯袭击了他。狄摩西尼决定起诉米狄亚斯，除非米狄亚斯支付三千德拉克马的赔偿。

据说，狄摩西尼小时候曾经躲在山洞里学习演说。他把自己的头发剃光，这样就不会受到干扰了。他睡觉的床很窄，这样就更容易起身下床了。由于说话时有乱动肩膀的坏习惯，狄摩西尼便把剑挂在屋顶，正好垂到肩膀之上，以此逼自己不乱动肩膀。据说，狄摩西尼还有一面全身镜，用来练习演说，目的是发现并纠正自己的小毛病。他还时不时去法莱卢海滩练习，以使自己习惯海浪的嘈杂声，这样即便是在人声鼎沸的时候也能够从容自若地演说。由于天生气短，他特地花了一万德拉克马请人教自己如何一口气说完一个长句子。

后来，狄摩西尼开始致力于国事。当时，人们分成了两个派别，一派支持腓力二世，一派则为人民谋取自由和权利。狄摩西尼加入反对腓力二世的阵营，并呼吁人们帮助那些因反对腓力二世而深陷危险的人。

有一天，狄摩西尼参加集会演说的时候突然失忆了，从而招致了听众的嘘声。他闷闷不乐地回到家中。狄摩西尼遇到了欧诺摩斯，欧诺摩斯深深地安慰和鼓励狄摩西尼。还有一次，在演讲中，狄摩西尼因使用了太幼稚的表达而遭到喜剧演员安提法奈斯和蒂姆克勒斯的嘲笑。两人一边学他说话，一边嘲弄他。

曾经有一次，麦林尼亚人拉马克思写了一篇赞颂腓力二世和亚历山大大帝的颂词，并且对底比斯人和奥林索斯人的胆小怯懦大加责难。当时，狄摩西尼站出来为底比斯人和奥林索斯人辩护，并且列举出他们做过的伟大事迹。狄摩西尼的做法顿时让拉马克思无话可说，并且悄悄离开了集会。腓力二世听说狄摩西尼对自己长篇大论的批评后说，他如果早点认识狄摩西尼，就会让狄摩西尼在战争期间担任将军。

公元前348年，狄摩西尼三十七岁的时候，奥林索斯人向雅典寻求帮助以共同对抗腓力二世。狄摩西尼说服雅典人接受奥林索斯人的请求。但第二年，也就是柏拉图去世的那一年，即公元前347年，腓力二世便战胜了奥林索斯人。

被定罪后，埃斯基涅斯从雅典逃跑。狄摩西尼听说后便骑马追他。埃斯基涅斯担心再次遭到逮捕，便跪在狄摩西尼面前请求他网开一面。狄摩西尼让他站起来，表明自己愿意帮助他，并且给了他一塔兰特的银子。

腓力二世去世之后，狄摩西尼身着一件华美的斗篷出现在公众视野里，庆祝腓力二世的死讯，尽管不久之前他刚刚经历了丧女之痛。狄摩西尼协助底比斯人对抗亚历山大大帝，并且激励其他希腊人抗争。因此，占领底比斯之后，亚历山大大帝威胁雅典人交出狄摩西尼。攻打波斯的时候，亚历山大大帝要求雅典人提供战船，狄摩西尼极力反对。他说："谁敢保证有一天亚历山大大帝不会用我们的船来攻打我们呢？"

狄摩西尼的妻子是杰出公民赫利奥多罗斯的女儿，

两人育有两个儿子、一个女儿，但女儿年少时就去世了。狄摩西尼还有一个妹妹，嫁给了一个叫拉克斯的亲戚。两人的孩子叫德摩卡里斯，德摩卡里斯是一个口才和品行兼具的人。狄摩西尼的雕像至今仍竖立在城市公共会堂。城市公共会堂雕像从右数第一个，身披斗篷、身系长剑的雕像就是狄摩西尼的雕像。安提帕特[①]逮捕演说者的时候，狄摩西尼就是以这样的形象向公众发表演说的。

狄摩西尼去世后，雅典人颁布法令为其亲属提供生活保障，并为他竖立雕像。他妹妹的儿子德摩卡里斯为他争取了这些荣誉。

——署名为普鲁塔克的《十演说家传》

●伊巴密浓达

科尔内留斯·奈波斯虽然不算什么大人物，但尽自己所能收集材料并整理辨别，以使自己的叙述具有可信性。科尔内留斯·奈波斯描述伊巴密浓达的大部分是真实的，但某些阐述其性格的逸事没有什么历史依据。

伊巴密浓达是泼立姆尼斯的儿子，出生于底比斯。

[①] 安提帕特是拉米亚战争中马其顿人的统帅。在战胜希腊人之后，安提帕特要求人们交出煽动民众出战的演说家，其中就有狄摩西尼。——原注

虽然出身高贵，但家里没有什么钱。伊巴密浓达受过最优秀的教育，在底比斯几乎无人能及。他跟随狄奥尼修斯学习了弹奏竖琴和唱歌；跟随奥林比奥道罗斯学习了吹长笛；跟随卡里佛隆学习了跳舞。他的哲学老师是他林敦的吕西斯，他林敦的吕西斯是毕达哥拉斯的追随者。在罗马人看来，伊巴密浓达学习的这些内容是微不足道的。但在希腊，尤其在古时候，伊巴密浓达学习的这些内容是值得称赞的。伊巴密浓达长大后，开始从事竞技活动，不是为了增强体力，而是为了增强身体的灵活性。他曾经苦练跑步和摔跤，他进行的最多的练习是军事练习。

身体的强壮同样会带来心智的提升。伊巴密浓达是一个谦虚、谨慎、严肃、善于把握机会、勇于作战的人。他热爱真理，即便是开玩笑也不愿意说假话。他性情温和，十分耐心，能够保守秘密，这一点有时比拥有雄辩的口才更重要。他十分留意别人的讲话，认为这是获取知识最容易的途径。当同行的人在谈论政府或哲学的时候，他会一直听到谈论结束。他非但从不利用自己的朋友来养活自己，反倒常常接济他人。如果他的同胞被敌人带走，或者朋友的女儿因没钱而不能嫁人，伊巴密浓达会召集自己的朋友提供援助。他会将需要帮助之人带到帮助者面前，让帮助者亲手给需要帮助之人钱。这样一来，被帮助之人就知道自己分别欠每个人多少钱了。

伊巴密浓达还是一个出色的演说家，没有哪个底比斯人的口才能胜过他。曾经有一个底比斯人是伊巴密浓达的反对者,看到伊巴密浓达精通军事,便呼吁底比斯人崇尚和平,反对战争。这样一来,伊巴密浓达就当不了将军。伊巴密浓达回复这个反对者:"你劝阻同胞进行战争实际上是一种欺骗,因为你以和平的名义让他们变成了奴隶。和平是战争带来的,想要享受和平就必须为战争做好准备。同胞们,如果你们想要成为希腊的领导者,那就多去军营,而不是竞技场……"

伊巴密浓达性情十分温和,总是能够容忍同胞对自己的不公正待遇,他认为对自己的国家产生恨意是不忠的表现。以下事例就是很好的证明。因为底比斯人对伊巴密浓达存在某些不满,所以拒绝让他出任军队的领导者,而是选择了一个不懂军事的领导者。这个不懂军事的领导者由于决策失误,让许多士兵陷入危险。当时,士兵遭到敌人的围堵,不得不求助于伊巴密浓达。伊巴密浓达非但丝毫没有因曾经受到耻辱而表现出不满,反倒带领军队突出重围,安全返回。这种以德报怨的例子数不胜数。

还有一次,在伯罗奔尼撒半岛,伊巴密浓达率军迎战拉栖第梦人。当时担任指挥官的除他之外还有另外两个人,其中一个是英勇的佩洛皮达斯。当时,由于敌人传播谣言,他们三人遭到了同胞的责难,从而被撤职。但伊巴密浓达没有遵守命令离职,而是说服同伴与自己一同继续率军打仗。伊巴密浓达知道,只有这么做才能保全军队。但在底比斯，法律规定擅自延长统军时间的人将被处死。伊巴密浓达知道这条法律的初衷是保全国家，所以不愿意让这条法律成为国家灭亡的原因。因此，他继续率军长达四个月的时间。

他们回家后，他的同伴均遭到弹劾，他让所有人把责任推到自己身上，并且表示他们是因为自己才触犯了法律。由于他的辩护，同伴脱离了危险。之后，伊巴密浓达既没有否认对自己的指控，也没有拒绝服从法律的制裁。他只提了一个要求，那就是在他的判决书上写上如下的话："伊巴密浓达将被处以死刑，因为他带领底比斯人在留克特拉战胜了拉栖第梦人，因为他不但通过一场战争解救了底比斯，而且为整个希腊带来了自由，他直到收复麦西尼亚才停止交战。"伊巴密浓达说完之后，在场的人发出哄堂大笑，没有任何一个法官敢判决他了。这场审判也为伊巴密浓达带来了巨大的荣耀。

——科尔内留斯·奈波斯《伊巴密浓达传》

●马其顿国王腓力二世

关于查士丁我们所知甚少。有些人认为他生活在安敦尼王朝，其他人则认为他生活在公元3世纪。

特洛古斯与李维是同时代的人，拥有高卢血统，其祖父在庞培时期获得了罗马公民身份。特洛古斯创作的《腓力史》涵盖了从远古时代到他生活的年代完整的人类活动。毫无疑问，下文节选的参考资料大部分来自特洛古斯创作的《腓力史》。

腓力二世巧妙地隐藏了自己对战斗[①]胜利的喜悦。他没有像往常一样举办祭祀活动。他没有露出笑容，没有进行娱乐活动，没有带花环洒香水。于是没有人把他当作征服者。他下令让人们称呼他为希腊的将军，而不是国王。他审慎地权衡着自己的喜悦和对敌人的哀悼，既不能向自己人，也不能向自己的手下败将显露愉悦之情。至于雅典人，他未收取任何赎金就放走了雅典囚犯，并且让他们将死者的遗体带回其祖先的墓地。他还让自己的儿子亚历山大同安提帕特一起前往雅典，在雅典建立和平与友谊。

然而，对底比斯人，腓力二世要求他们花钱赎回战俘，并且换取埋葬死者的自由。底比斯的一些重要人物被他直接处死，剩下的人遭到了驱逐，财产也被他霸占。随后，他召回了那些曾经受到不公正审判被驱逐的人，从中选出了三百名法官和行政长官。

希腊的战事结束了，腓力二世命令所有城邦的代表前往科林斯议事。腓力二世根据每个城邦的情况修改了希腊的和平条约，并且选取人员组成了一个议事会。但拉栖第梦人对和平条约及腓力二世表现出蔑视。在拉栖第梦人看来，所有事务不是通过各城邦协商一致的，而

[①] 公元前338年的喀罗尼亚战役。——原注

是由征服者强加给他们的，这不应该叫和平，而应该叫奴役。腓力二世还确定了每个城邦应该提供的士兵数量，总兵力为十万名步兵，一万五千名骑兵，并且规定国王在受到攻击时需要他们的联合支持，攻打另一个目标时由国王担任统帅。毫无疑问，这些作战准备针对的国家是波斯……

作为国王，腓力二世更喜欢在战争中，而不是娱乐活动中展现自己的实力，他最大的财富也体现在军事装备上。对他来说，宽厚仁慈和背信弃义一样重要，只要能获得成功，没有什么办法是可耻的。他在演说时也喜欢说大话，常常许诺自己办不到的事情。他的友谊是建立在利益之上，而不是忠诚之上。他经常对痛恨之事表现出友善，对喜爱之事表现出厌恶。这样一个人当然拥有着出色的口才，他的语言条理清晰，充满感染力。

腓力二世之后是他的儿子亚历山大大帝，亚历山大大帝的善与恶都远远超过了他的父亲。两人的征战方式是不同的：一个通过完全的武力进行战争，一个更擅长敏锐地对抗；一个喜欢设计欺骗敌人，一个则大胆地击退。父亲腓力二世喜欢掩饰自己的愤恨，甚至自我抑制；而儿子亚历山大大帝被激怒的时候，丝毫不会拖延自己的反击。两人都喜欢红酒，但喝醉时的反应是不同的，父亲腓力二世会冲出宴会跑到敌人面前，让自己陷入危险；而儿子亚历山大大帝则将自己的情绪发泄给朋友而不是敌人。因此，宴会结束时，腓力二世总是伤痕累累，亚历山大大帝周围则滴满了同伴的血。一个人希望和朋友一起统治，另一个则想统治朋友。一个喜欢受人爱戴，另一个则想让人心生畏惧。父亲腓力二世更节俭，儿子亚历山大大帝更奢侈。父亲腓力二世打下了世界帝国的基础，儿子亚历山大大帝完成了征服世界的梦想。

——查士丁所著《特罗古斯的〈腓力史〉摘要》

●同时代人对腓力二世的评价

在所有人中，腓力二世是最不会管理自己及周围事务的人。作为一个贪得无厌、挥霍无度之人，他做任何事情都是不拘小节的，无论是挣钱还是花钱都如此。他无法计算自己的收入与支出，仅仅是出于懒惰。他的"伙伴"来自各个角落，有些是他的同胞，有些来自塞萨利，有些来自希腊的其他地方。这些人被聚集在一起不是因为他们优秀，而是因为他们拥有相同的品格：放纵、道德败坏、贪得无厌。他们被称为腓力二世的朋友。即便有人刚来时不完全如此，在马其顿人的影响下也逐渐被同化了。他们在战争、军事和其他方面的巨大花销使他们勇敢无畏，过着强盗一样的放荡生活。

——狄奥庞帕斯所著《腓力传》

●腓力二世的成就

阿利安是公元2世纪的一位作家，但他写作参考的资料来自跟随亚历山大大帝远征的一些作者。选文据说是亚历山大大帝对心怀不满的马其顿士兵发表的演说。我们无法判断这些话究竟是不是亚历山大大帝亲口所说，但它对腓力二世成就的概括是真实可信的。

腓力二世起初看到你们的时候，你们不过是些走投无路的流浪汉，大多数只穿着一张老羊皮，在小山坡上放几只羊。为了这几只羊，常常和边界上的伊利里亚人、特利巴利人和色雷斯人打个不休，并且往往吃败仗。后来，是腓力二世叫你们脱下老羊皮，给你们穿上大衣，把你们从山里带到平原上，把你们训练成能够对付边界敌人的勇猛士兵。因此，你们才不再相信你们那些小山村的天然防卫能力，而相信你们自己的勇气。不仅如此，他还把你们变成城市的居民，用好的法律和风俗把你们变成文明的人。腓力二世使你们成为原先那些欺压你们、抢劫你们财物和亲人的蛮族的主子，再也不当他们的奴隶和顺民。他把色雷斯大部分并入马其顿版图，夺取了交通便利的沿海城镇，给你们的家乡带来了商业，使你们能安全地开发自己的宝藏。然后，他又使你们成为多年来你们怕得要死的色雷斯人的老太爷。他还制伏了波奇司人。从你们家乡通到希腊的道路原来又窄又难走，后来他把道路建成又宽又好走的大路。过去，雅典和底比斯一直在伺机毁灭马其顿，但腓力二世后来降伏了雅典和底比斯。我们马其顿非但不再向雅典和底比斯缴纳贡赋，雅典和底比斯现在反倒必须得到我们的允许才能生存。现在，我们正在分享我父亲腓力二世这些功业的成果。后来，他又进入伯罗奔尼撒，让这里的人们也服服帖帖。然后，他被奉为全希腊的最高统帅远征波斯。他赢得这么高的威望，并不只是为他自己，主要还是为了马其顿。

——阿利安《亚历山大大帝远征记》

● **青铜雕刻**

以下关于希腊艺术历史的片段引自老普林尼的《自然史》，公元79年，老普林尼死于维苏威火山喷发。读者需要注意的是，引文中有些材料的时间较早，有些材料的时间较晚，文章的风格更偏罗马，而不是希腊。

早期最有名的铜产自提洛岛。提洛岛青铜的制造工艺十分精湛。当时，所有国家都会前往提洛岛购买青铜。[①]起初，人们将青铜用于雕像的底座及轮廓。后来，人们又用青铜制作众神、人及动物的形象。

---

① 在希腊化时代及罗马时代早期，提洛岛可以算作贸易的中心。——原注

厄基那的铜仅次于提洛岛。厄基那也是岛,岛上没有矿产,是以铸造厂生产的合金闻名于世的[1]。厄基那的铜牛可能会出现在罗马的市场上。这就证明了厄基那青铜的品质,而朱庇特神殿中的朱庇特像则证明了提洛岛青铜的品质。米隆使用的是厄基那青铜,而波利克里托斯使用的则是提洛岛青铜。两位艺术家生活在同一时代,在选材上能看出他们之间的竞争。埃伊纳岛造的烛台托盘和他林敦造的烛台柄部十分精良,所以不同的铸造厂会分工来制造这些器皿。

卢基乌斯·穆米乌斯占领了亚该亚后,将整个罗马放满了各种青铜塑像。[2]卢基乌斯·穆米乌斯去世的时候竟然穷得连女儿的嫁妆都拿不出。罗马执政官卢库勒斯同样带来了一定数量的雕塑。根据墨西亚努斯[3]所写,罗得岛有至少七万三千尊雕像,雅典、奥林匹亚和德尔斐等地也雕有相同数量的雕像。

想要了解所有雕像是无法实现的,但我想介绍一些最著名的雕像,以及那些杰出的雕刻家。即便是一个雕刻家,其作品也会多到难以计数。例如,据传,利西波斯拥有一千五百个雕像作品,每一个都工艺精湛,足以

---

[1] 让厄基那的青铜出名的不是铜的质量,而是锻造青铜的工匠。——原注
[2] 在毁灭科林斯之后,卢基乌斯·穆米乌斯将抢掠来的艺术品装了满满一船,运往罗马。——原注
[3] 墨西亚努斯是老普林尼同时代的人,他曾著书记录自己在小亚细亚西部及周边岛屿看过的艺术品。——原注

给他带来很高的名望。他每做一个雕像，收到钱之后都会放一枚金币在钱盒中。他去世之后，他的继承人打开钱盒子，发现有一千五百枚金币，从而我们知道了他的雕像数量。

艺术的发展获得了长足的进步，首先是在技艺方面，其次是在雕像的庞大造型方面。成功技艺的典型代表是一个非神非人的形象。在维特里斯的士兵恶意烧毁卡皮托之前，我们还可以欣赏到朱诺神殿中一条狗在舔舐自己伤口的铜像。该作品能摆在如此神圣的地方，正是它精湛技艺和生动表达的证明。除此之外，对它的担保也是无价的，法令规定人们要用自己的性命来确保这尊雕像的安全。

至于雕像的庞大造型我们可以给出很多例子。例如，艺术家曾经考虑过制造称为"巨像"、像塔楼那样高的雕像。卡皮托的阿波罗像就是一个例子。卡皮托的阿波罗像是由卢库勒斯从本都的阿波罗尼亚带过来的。雕像有四十五英尺高，制作共花费了五百塔兰特。还有一个是位于战神广场的、奉献给克劳狄的朱庇特像。然而，朱庇特像与旁边的庞培剧场相比则相形见绌了。还有利西波斯造的、位于他林敦的宙斯像，高五十八英尺。值得注意的是，他林敦的宙斯像的重量分布十分均衡，用手一碰便能转圈，而强风袭来的时候又不会被吹倒。为了抵御强风，利西波斯在距离雕塑不远的地方竖了一根圆柱，从而分散强风的力量。这尊雕像体积庞大，难以运输。因此，费边·马克西姆斯只能将赫拉克勒斯像运往卡皮托，而将宙斯像留在他林敦。然而，最令人惊叹的雕塑当数罗得岛的太阳神像[①]。罗得岛的太阳神像的制作者是林多斯的卡瑞斯，他是利西波斯的学生。塑像高七十腕尺[②]，在矗立六十五年后被地震震倒。但即便是倒了之后也足以引起人们惊叹。几乎没有人能双臂抱住它的大拇指，而它的手指也高过大多数雕像，它破碎的四肢上裂了许多大洞，洞中可以看到许多巨大的石块。这些石块当初被用来稳固雕像。雕像花了十二年才建造完毕，共花费三百塔兰特，罗得岛的人们出售了马其顿国王德米特里一世围攻罗得岛时的攻城武器，换来了这笔钱。

——老普林尼《自然史》

●著名的雕塑家及他们的作品

接下来我想简要介绍一下那些著名的雕塑家。虽然生活的年代不同，但最著名的雕塑家还是会相互比较。这些雕塑家每个人都会制造一个亚马逊[③]像，然后奉献给以弗所的阿耳忒弥斯神殿，由在场的艺术家评选出最

[①] 罗得岛的太阳神像被认为是世界"七大奇迹"之一。——原注
[②] 古时的长度单位。——译者注
[③] 希腊神话中的女勇士。——译者注

优秀的作品。艺术家会将自己的作品排在第一位,排在第二位的是波利克里托斯,然后是菲狄亚斯、克瑞西拉斯、赛冬和弗拉德蒙。

除无人能及的奥林匹亚宙斯像之外,菲狄亚斯还用象牙制作了雅典娜像,位于帕台农神殿中。菲狄亚斯还用青铜制造过另一个雅典娜像,美丽至极,被称为"美女"。他创作的另一个雅典娜像被埃米利乌斯献给了罗马。菲狄亚斯向世人充分展现了自己的雕刻能力和水平。

西锡安的波利克里托斯是哈格拉德斯的学生[1]。他创作了一个运动员正在束发带的雕像,因卖出了一百塔兰特的价格而闻名,这座雕像被称作"像男孩的男人"。还有一个持矛者的雕像,被称作"像男人的男孩"。他还有一个雕像作品被艺术家誉为"法则"。它成为人们学习雕塑艺术的一个范本。波利克里托斯是唯一一个能将所有的艺术原则都融入同一个作品中的人。他还创作了一个正在使用刮汗板的运动员的雕像,一个正在使用武器进攻的裸体男人的雕像,两个正在玩骰子的裸体小男孩的雕像——该雕像位于提图斯[2]宫廷的中庭。很多人认为此作品是完美的。他的作品还包括位于利西马其亚

---

[1] 哈格拉德斯生活在公元前6世纪,因此不可能是波利克里托斯的老师,可能只是对波利克里托斯产生了一定的影响。——原注
[2] 罗马帝国皇帝,公元79年到公元81年在位,其间,修建了罗马斗兽场。——译者注

的赫尔墨斯像，位于罗马的赫拉克勒斯像，以及一个穿着盔甲的长官的雕像等。他将雕塑艺术中的科学发挥到了极致。他的作品的特点是许多人物是单脚站立的。但马库斯·特伦提乌斯·瓦罗认为他的作品都是四方形构造，几乎都是根据同一个模型制造出来的。

米隆出生于埃莱提里，也是哈格拉德斯的学生。他的小母牛雕塑让自己声名大噪，这多亏了雕像上写的那首诗歌。他的作品还包括一只狗的雕塑、掷铁饼者、珀尔修斯、德尔斐五场比赛的获胜者、角斗士及位于庞培神殿的赫拉克勒斯像。从埃里娜的一首诗中我们得知米隆曾做过蝉和蚱蜢的纪念碑。米隆还制作过一个阿波罗像，三执政之一的马克·安东尼将它从以弗所抢走了，后来又被受人崇敬的奥古斯都带了回来。米隆使用写实手法来扩展艺术的表现形式。他比波利克里托斯更多产，也更注重对称性。但他过度注重外在形体，缺少对内心情感的表达，对毛发的处理也缺乏技巧。

来自意大利的利基翁的毕达哥拉斯创作的位于德尔斐的角斗士像的艺术水平超过了米隆和利昂提斯库斯。利基翁的毕达哥拉斯还创作了一个奔跑者和一个利比亚人的雕像，都放置于奥林匹亚。在锡拉库萨，他有一个跛行男子的雕像。雕像栩栩如生，甚至观众都能感受到跛行男子的痛苦。他是第一个在雕像中表现出青筋和血管的雕塑家，对毛发的处理也下了很大功夫。此外，还有一个萨摩斯人，同样叫毕达哥拉斯，早年是一个画家。他的雕塑作品包括了七个裸体铜像和一个老人像。他对利基翁的毕达哥拉斯的模仿如此严重，以至于人们有时会将二人的作品混淆。克尼杜斯的索斯特拉特是利基翁的毕达哥拉斯的侄子和学生。

根据萨摩斯的迪里斯的说法，西锡安的利西波斯没有师从任何人。利西波斯最初是一个铜匠，后来受到画家欧波姆帕斯的鼓励选择了一条更高深的道路。当利西波斯询问欧波姆帕斯他应该追随哪些艺术家的时候，欧波姆帕斯告诉利西波斯应该追随自然，而不是任何艺术家。利西波斯的作品数量超过了所有的雕塑家。他的作品包括使用刮汗板的男子雕像，被马库斯·维普撒尼乌斯·阿格里帕摆在了浴场之前。提比略也十分喜欢这个雕像。提比略尽管在统治的第一年十分克制，但因为无法抑制对此雕像的喜爱，最终将其搬到了自己的家中，替换掉了家里原有的雕像。罗马人对此举十分不满，他们聚集到剧场强烈抗议，要求提比略把雕像送回来。最终，提比略不得不将雕像送了回来。

驷马战车、罗得岛的太阳神像、喝醉的吹笛人、猎狗和猎人等雕像让利西波斯名声大噪。除此之外，他还创造了一系列亚历山大大帝像，罗马皇帝尼禄十分喜爱亚历山大大帝像，下令为铜像镀金。镀上的金却破坏了作品的美感，所以后来又将金移除。没有金的雕像价值更高，尽管上面多了切口和划痕。利西波斯对雕塑艺术做出了最大贡献，例如，他对毛发的处理十分生动，他制作的头部比以往的雕塑家制作的头部都要小，躯体更加精瘦，所以雕像看起来更高了。他十分注重对称原则，以前所未有的方式创新了以往艺术家的方形对称标准。他曾经说过，他与别人的不同在于别人刻画的是人们真实的样子，而他刻画的是人们看起来的样子。他最大的特点在于雕刻的笔触十分精妙，即便是最小的细节也处理得十分细致。

他的孩子和学生中涌现出一批知名的艺术家，如欧西克拉斯、莱普斯和波厄达斯。然而，欧西克拉斯并没有继承父亲利西波斯对精致技艺的重视，而是选择了一种更质朴的表现方式。欧西克拉斯的作品包括献给德尔斐的赫拉克勒斯像、塞斯比亚的亚历山大大帝狩猎像、特洛福尼奥斯像等。

利西波斯的学生泰西克拉斯也是西锡安人，他的风格与利西波斯十分相近。因此，很难区分俩人的很多作品。他的作品包括底比斯的老人雕像、国王德米特里一世像等。福西亚的泰勒菲奈斯获得了众多雕塑家的好评。他们将泰勒菲奈斯排在了波利克里托斯、米隆和利基翁的毕达哥拉斯之后，赞扬他的拉里萨像、阿波罗像等作品。

虽然普拉克西特利斯在大理石雕像方面成就斐然，更广为人知，但他的青铜作品也十分出色。他的青铜作品包括被劫持的珀耳塞福涅像、纺织女孩像、狄奥尼修斯像及阿佛洛狄忒像。青铜作品阿佛洛狄忒像与他用大理石雕刻的阿佛洛狄忒像相得益彰，但在克劳狄统治时期被破坏。

菲狄亚斯的学生阿尔卡美涅斯用青铜和大理石雕刻的五场比赛的获胜者都十分出色。波利克里托斯的学生亚里士提德的作品有驷马战车和二马战车。亚克西斯制作了阿斯克勒庇俄斯像和塞琉古像。巴东制作了阿波罗像和赫拉像，两者都位于罗马的协和神殿中。克瑞西拉斯的作品包括一个濒死之人的雕像及奥林匹亚的伯利克里像。克瑞西拉斯的艺术成就在于他让名人变得更加出名。塞菲索多罗斯在雅典港制作了一个美丽的雅典娜像，在宙斯神殿中制作了救世者像。卡那库斯使用厄基那青铜制作了裸体的阿波罗像并将其命名为"爱人"，该像位于狄底玛圣地的神殿中……

利西乌斯是米隆的学生。利西乌斯的小男孩吹火雕像的艺术水平可以与老师米隆比肩。除此之外，利西乌斯还制作了阿尔戈英雄像。勒俄卡瑞斯的作品包括奥托吕科斯像、位于卡皮托的宙斯与闪电、头戴王冠的阿波罗像等。

塞拉农曾经制作过阿波罗多洛斯像，阿波罗多洛斯也是一位雕塑家，常常因已完成的雕塑达不到自己的要求而毁坏它们，从而被人称作疯子。塞拉农创作阿波罗多洛斯的雕像不是为了表现阿波罗多洛斯这个人，而是为了体现恼怒的状态。他还创作了阿喀琉斯像等作品。

斯特隆奇里翁制造了一尊女性士兵像，它特殊的形态让皇帝尼禄十分喜爱，无论走到哪里都会带在身边。斯特隆奇里翁的男孩雕像受到菲利皮的马库斯·尤利乌斯·布鲁图斯的喜爱。塞德洛斯是萨摩斯迷宫的创作者。他还为自己制造了青铜像，因与本人极度相似和精湛的工艺而闻名于世。雕像的右手举着火把，左手的三根手指则扶着一个由四匹马组成的马队。目前，这尊雕像位于普勒尼斯特。塞诺克拉底是泰西克拉斯的学生。在数量上，他制作的雕像超过了他的老师泰西克拉斯。他还创作了与艺术相关的书籍。

上述作品中最优秀的一些都被皇帝韦斯巴芗放在了和平神殿和他的美术馆中。尼禄也是先用武力将它们带到罗马，然后放到了金宫中。

——老普林尼《自然史》

●著名的画家及他们的作品

绘画的起源尚不明确，也不是本书主要探讨的内容。埃及人说他们比希腊早六千年就发明了绘画的说法显然是在吹嘘。[①]在希腊人中，有些人相信绘画起源于西锡安，有些人则认为起源于科林斯。但大家都同意绘画始于描绘人的轮廓。这是绘画的第一阶段。在第二阶段，人们开始使用单一的色彩。后来发现更多精妙的方

---

① 虽然希腊人不认同，但这种说法基本是正确的。——原注

法，有一种直到现在仍旧十分流行，那就是单色画。

接下来，我将尽可能简要地介绍最著名的画家，过于详尽则与整本书的风格不符。然而，我还是会单独提及那些举世闻名的画作，无论它们是否尚存于世。

菲狄亚斯的兄弟帕纳埃努斯创作了《雅典人与波斯人在马拉松的战役》[①]。画作使用的颜色十分丰富，技艺十分成熟，准确描述了双方将领的肖像，包括雅典的米太亚德、卡利马科斯、吉尼吉鲁斯，以及蛮族的达提斯和阿尔塔普列涅斯。在帕纳埃努斯生活的年代，科林斯和德尔斐会举办画家比赛，在第一届比赛中帕纳埃努斯的对手是卡尔基斯的提马哥拉斯。根据提马哥拉斯的一首短诗我们得知帕纳埃努斯输给了他。在第九十届奥林匹克比赛[②]之前，其他许多画家也纷纷出名了，例如，萨索斯的波吕格诺图斯，他是第一个在画中描绘身穿透明衣服、头戴彩色头饰女性的画家。他对绘画发展的贡献在于画中的人们张了嘴，露出了牙齿，一改人物呆板的形象。波吕格诺图斯用绘画装饰了德尔斐的神殿和雅典的彩画游廊。这些工作他分文未取，而参与了部分工作的米孔接受了报酬。波吕格诺图斯为自己赢取了至高无上的荣誉，近邻同盟大会和希腊的公民大会都奉他为贵客。

---

① 还有人认为这幅画的作者是米孔或波吕格诺图斯。——原注
② 公元前420年到公元前417年。——原注

塞菲索多罗斯、伊文诺[①]等人生活在第九十届奥林匹克比赛期间。但他们都算不上出色的画家。第一个出名的当数在第九十三届奥林匹克比赛[②]上来自雅典的阿波罗多洛斯。他是第一个采用现实主义的画家。他的作品包括正在祈祷的祭司和被闪电击中的埃阿斯。目前,这两幅作品位于帕加马。而他的前辈几乎没有什么作品值得人们驻足欣赏。正是阿波罗多洛斯为赫拉克里亚的宙克西斯打开了艺术的大门,让宙克西斯在第九十五届奥林匹克比赛的第四年[③]走进了艺术的殿堂。有些人错误地认为宙克西斯来自第八十九届奥林匹克比赛[④],但因为人们争论这两人中究竟谁才是宙克西斯的老师,所以很明显,希梅拉的德谟菲那斯、萨索斯的内萨斯和宙克西斯是同时代的人。在一篇阿波罗多洛斯写的针对宙克西斯的讽刺短诗中,他说:"宙克西斯窃取了他老师的艺术技艺。"宙克西斯积累了大量财富。为了在奥林匹克运动会上显示财力,他用金线将自己的名字绣在衣服上。后来,宙克西斯展示画作的时候又说它们都是无价之宝。他的画作包括珀涅罗珀、在众神见证下登基的宙斯等。然而,人们批评宙克西斯夸张了人物的头部和四肢。尽管如此,宙克西斯在创作时是不遗余力的,在

---

① 伊文诺是伟大艺术家巴尔拉修的父亲和老师。——原注
② 公元前 408 年到公元前 405 年。——原注
③ 公元前 397 年。——原注
④ 公元前 424 年到公元前 421 年。——原注

为阿格里真托人创作画作献给神殿之前,他观察了城市中赤裸的少女并选出了五位少女,答应要在画作中重现她们的美貌。蒂曼提斯、安德罗基德斯、欧波姆帕斯和巴尔拉修都是宙克西斯同时代的人和竞争者。

宙克西斯和巴尔拉修比赛时,宙克西斯展示了一幅葡萄图,画中葡萄栩栩如生,引得鸟儿纷纷飞了过来。随后,巴尔拉修展示了他创作的亚麻窗帘图,窗帘如此真实,以至于宙克西斯要求他的对手掀起窗帘以展示真正的画作。宙克西斯意识到了自己的错误,心甘情愿地把奖让给了巴尔拉修。他说虽然自己骗过了鸟,但巴尔拉修骗过了作为画家的自己。后来,宙克西斯还创作了拿着葡萄的小男孩,小鸟再次飞了过来企图停在葡萄上。这次,宙克西斯却高兴不起来,他说:"看来我画的小男孩比不上我画的葡萄,否则鸟肯定害怕不敢靠近。"宙克西斯还曾经制作过某些陶器。马库斯·富尔维乌斯·诺比利奥尔将所有缪斯像带去罗马后,这些陶器成了唯一留在安布拉基亚的艺术品。

来自以弗所的巴尔拉修同样对艺术的进步做出了巨大的贡献。他将对称性引入画作,使人物更加生动,头发更加优美,连嘴部也更加秀美。许多艺术家坦言,在轮廓的处理上,巴尔拉修的微妙程度无人能及。他创作了身披盔甲的将军忒修斯,曾存放于罗马的卫城。巴尔拉修还有一幅画有墨勒阿革洛斯、赫拉克勒斯和珀尔修斯的作品,位于罗得岛,此画三次被闪电击中起火,却没有被烧毁，真可谓是奇迹。除此之外，他还创作了《西布莉的祭司》。提比略十分喜欢这幅画。据传，这幅画价值六百万塞斯特斯①。巴尔拉修是一个十分多产的作家，他的傲慢自大也是无人能及的。他称呼自己为"豪华"，并且把自己誉为绘画之王，因为他将绘画推向了完美的高峰。因此，他在一次比赛中以大比分输给蒂曼提斯时，十分痛苦地说自己竟然第二次输给了一个配不上自己的对手。巴尔拉修还创作了一些纵欲的画，他以这种方式来自我放松。

　　蒂曼提斯十分具有创造性。他创作了《伊菲革涅亚》，描绘了站在圣坛边等待死亡的伊菲革涅亚和所有旁观者，尤其是伊菲革涅亚的父亲的兄弟们，个个身陷痛苦，蒂曼提斯却罩住了父亲的面庞，因为蒂曼提斯已经用尽了所有痛苦的表达方式。还有许多例子来证明蒂曼提斯的创造性。为了强调独眼巨人库克罗普斯的庞大身型，蒂曼提斯会在他的身边画上半人半兽的萨提尔来进行对比。他的作品总是隐含一些画布之外的信息。他还曾经画过一幅英雄像，画中对男子形态的描绘堪称完美。现在，这幅画存放于罗马的和平神殿中。

　　尤辛尼达斯是著名艺术家阿里斯提得斯和欧波姆帕斯的老师，而欧波姆帕斯是阿佩莱斯的老师。欧波姆帕斯创作过《手拿棕榈的竞赛获胜者》。他的声望极其

---

① 古代罗马的货币单位。——译者注

高,甚至产生了一个新的绘画流派。

来自马其顿的庞非勒是第一个接受过全面教育——尤其是数学和几何学——的画家。这对达到完美的绘画技艺有着十分重要的帮助。他的学费高达每年一百迪纳里①,阿佩莱斯和墨兰提俄斯都曾师从于他。起初在西锡安,后来扩大到整个希腊,由于庞非勒的影响,在木板上绘画成为男孩最先学习的科目,这门艺术也成为自由教育的第一步。公民和有地位之人都会绘画,而奴隶则被永远禁止绘画。这就是无论在绘画领域还是雕塑领域,都没有出身奴隶的艺术家获得很高成就的原因。

在第一百一十二届奥林匹克运动会上,来自科斯的阿佩莱斯从所有画家中脱颖而出。他一个人对绘画做出的贡献可能大于其他人之和。他还创作了几本专著来阐明自己的艺术理论。虽然生活在杰出画家层出不穷的年代,但他的艺术魅力可以说是无与伦比的。他会观察所有画家的作品,在赞美他们的同时会发现他们都缺少这种魅力,这种魅力仿佛只属于阿佩莱斯一个人。阿佩莱斯还有一个宝贵的品质:在欣赏普罗托耶尼斯的一幅作品时,阿佩莱斯曾经说过,虽然在所有方面普罗托耶尼斯都能与自己比肩,甚至超过自己,但有一点自己占了上风,那就是适可而止。因为过度的在意反倒会适得其

---

① 古罗马货币。——译者注

反。阿佩莱斯的坦诚完全不亚于他的天赋。他承认自己在构图上比不上墨兰提俄斯，在透视处理上比不上艾斯克里皮阿多拉斯。

阿佩莱斯与生活在罗得岛的普罗托耶尼斯曾经发生过一段故事。阿佩莱斯曾经乘船前往罗得岛，想要欣赏一下普罗托耶尼斯的作品，一靠岸便立即前往普罗托耶尼斯的画室。当时，普罗托耶尼斯不在家，只有一位老妇人在看守着画架上的一块画板。老妇人告诉阿佩莱斯普罗托耶尼斯不在家，并且询问来访人的姓名。"是这个人"，阿佩莱斯拿起画笔在画板上画下一条精致的线。普罗托耶尼斯回来之后，老妇人将发生的事情告诉了他。普罗托耶尼斯看过这条线之后，马上便说访客是阿佩莱斯，因为其他人画不出如此美丽的线条。随后，普罗托耶尼斯用另一种颜色在这条线之上又加了一条更完美的线，并且告诉老妇人，如果阿佩莱斯再次造访，告诉他这就是他寻找的东西。正如普罗托耶尼斯预料的，阿佩莱斯果然回来了，看到自己被打败之后羞愧不已。阿佩莱斯画下第三条线，切断了前面两条，这条线已经好到没有任何改进空间了。普罗托耶尼斯知道自己失败了，于是迅速跑到港口寻找自己的访客。两人决定将这块画板传给子孙后代。这对所有人，尤其对画家来说，是一个值得惊叹的作品。据说，这幅画毁于帕拉蒂尼的恺撒宫殿中的一场大火。要是没有这场火，我们现在还能好好欣赏一下这幅画。这幅画的表面只有空荡荡的线条，在众多优秀的绘画作品中就如同一片空白。但正因如此，它获得了更多关注和名声。

阿佩莱斯还给自己定下一条规矩，那就是无论多么忙碌，每天都必须练习画线条。他还喜欢把完成的画摆在阳台上供过路人观看，自己则隐藏在画的后面，听人们对画的意见。他认为公众是比自己更敏锐的批评家。曾经有一次，一位补鞋匠批评他把凉鞋内部的扣环画得太少了，他立马改正了自己的错误。补鞋匠对此十分欣喜，第二天又发现腿部的一些错误。阿佩莱斯生气地伸出头来，对他说："还是弄你的鞋楦①去吧。"这句话后来也成了一句谚语……

阿佩莱斯的人物肖像十分逼真，文法家阿皮奥曾经这样记录道：人相占卜家可以根据他的画来判断画中之人还能够活多久，或者已经活了多久。与亚历山大大帝随行的时候，阿佩莱斯与托勒密②产生了不愉快。之后，阿佩莱斯曾经有一次因强风暴而搬到了亚历山大港。于是，他的对手引诱托勒密一世的弄臣给他发了宴会邀请。

当他出现在宴会上的时候，托勒密一世暴怒，命令阿佩莱斯说出是谁给了他邀请信。于是，阿佩莱斯从壁炉里拿起一根烧焦了的木棍，在墙上开始作画。还没画

---

① 制鞋的模具。——译者注
② 即位后为托勒密一世。——译者注

几笔，托勒密一世就认出了那位弄臣的面庞。

阿佩莱斯曾经还为独眼的安条克画过肖像画。他设计了方法以掩饰他的缺陷：只画出没有缺陷的那部分脸庞，这样缺少的眼睛看似是人物的位置造成的，而不是自然缺陷。他还为逝者画过肖像，但很难说哪一幅是最好的。阿佩莱斯创作的《阿佛洛狄忒从海中升起》被奥古斯都献给了恺撒神殿。后来，这幅画底部受损，却没有人能够修复它。但这一损伤提升了阿佩莱斯的荣光。最后，画板逐渐开始腐烂，当时的皇帝尼禄随后下令换上了一幅多罗西斯的画作。

在科斯，阿佩莱斯开始创作另一幅阿佛洛狄忒，企图超越之前的那一幅。然而，创作还没有结束，阿佩莱斯便突然死去，无人能够接手这一作品。阿佩莱斯曾经以二十塔兰特的佣金创作了位于以弗所的阿耳忒弥斯神殿中的《手举闪电的亚历山大大帝》，这幅画仅仅使用了四个颜色。

在一次比赛中，阿佩莱斯画过一幅马，也从马这种动物那里获得了评判。发现对手企图使用诡计超过他的时候，他命人牵来了几匹马，并且给马分别展示了各自的画作。它们只有在看见阿佩莱斯的作品时才发出了嘶鸣声。这样的情况后来时常发生。这种测试很好地展现了阿佩莱斯的技巧。阿佩莱斯还创作了骑马与波斯人战斗的尼奥普托列墨斯[①]，阿尔克劳与他的妻子和女儿，以及骑马前进的安条克。在他的所有作品中，评论家最喜欢的是骑马者安条克和献祭的阿耳忒弥斯。这幅画对场景的描绘甚至超过了荷马的诗篇。他还创作了一些有关闪电和雷鸣的画作，这些都是难以通过绘画来展现的事物……

阿佩莱斯的创造使所有画家都获益良多，但没有人能够效仿。阿佩莱斯喜欢给完成的画上一层薄的黑釉，只有在近距离观察的时候才能看到。这层黑釉在光照下会反射出白色的光亮，同时能保护画不受尘土的污染。上釉的主要目的是防止画的色彩刺激眼睛，远距离看的时候，过于鲜艳的色彩会变得温和。

——老普林尼《自然史》

[①] 尼奥普托列墨斯和随后提到的阿尔克劳都是亚历山大大帝的军官。——原注

第8章

科学与发明

(公元前330年到公元前100年)

Science and Inventions

(330—100 B.C.)

本章的选文举例说明了几种当时顶尖的科学。第一篇选文介绍了亚历山大港的建立及其位置。亚历山大港是科学和学者的主要聚集地。

●亚历山大港

一、亚历山大港的建立及其位置

从培琉喜阿姆向西航行到尼罗河河口卡诺布斯，长度大约一千三百斯塔德①，组成了三角洲的基底。卡诺布斯距离法洛斯岛还有至少一百五十斯塔德。

法洛斯岛是一个矩形小岛，距离大陆不远，形成了一个具有双入口的海港。海岸处有许多海湾及两个深入

---

① 一斯塔德约六百希腊尺，约五百八十二英尺。——原注

大海的海角。法洛斯岛便位于两个海角的中间，封锁了海湾。法洛斯岛的东部最靠近大陆和罗彻斯海角，使港口的航道变得十分狭窄。除此之外，航道中礁石遍布，有的位于水下，有的则露出水面，极大增强了来自远海波浪的冲击力。法洛斯岛的最远端也是一块石头，被来自四面八方的海水冲刷着，其上有一座与岛同名的灯塔，由白色的大理石搭建而成。根据铭文的记载，克尼杜斯的索斯特拉特为了水手的安全建了这座灯塔。海岸的两边地势低洼，没有港口，充斥着礁石，需要竖立一块高耸显眼的指示牌来为海员指路进入港口。[①]

除受到护堤和自然的保护之外，靠近岸边的水域足够深，最大的船都能在此抛锚。这里还分成了几个小港口。

托勒密王朝的前几任国王，都满足于他们已经拥有的东西，对贸易往来不感兴趣。因此，他们对水手，尤其是希腊来的水手保持着敌意，认为水手因为自己国家的土地贫瘠而来抢掠其他国家的物产。国王们让军队驻扎在这里，驱逐所有试图靠近的人。将士们居住的地方叫拉克提斯，现在是亚历山大港的一部分，位于兵工厂后面。然而，当时拉克提斯只是一个小村庄。村庄周围的土地给了牧人，数量众多的牧人同样能够抵御外来入侵。

托勒密一世来到亚历山大港，认为这里地理位置优越，就决定在港口边建立一个城市。这个城市后来的繁

---

① 此处省略了对西边入口的描述。——原注

荣早在筹建之初就有预兆。当时，建筑师正在用粉笔标注墙的界线。很快，所有粉笔都用光了。这时，托勒密一世来了，负责分发面粉的人给了工人一部分面粉。这些面粉被用来划分大部分街区。这对城市来说是一种吉兆。

亚历山大港拥有多方面优势。它两面临水，北面是所谓的埃及海，南面是马雷亚湖，又名马里欧提斯湖。尼罗河的多条运河都连接此湖，既有来自上方的，也有来自两边的，通过这些运河进口的商品比通过海上运输的多。因此，湖上的港口比海上的港口更繁荣。从亚历山大港通过海运出口的商品多于进口，只要在亚历山大或迪凯阿恰观察来往的商船和船上货物的数量便能轻松断定这一点。

除港口运来的商品带来的财富之外，亚历山大港优良的气候也值得一提：这同样得益于城市两面临水的地理位置和尼罗河河水的上涨。对其他靠近湖泊的城市来说，到了夏天，天气闷热令人窒息，太阳蒸发掉湖水，留下了沼泽。如果从沼泽中蒸发出过多的水分，则会产生有毒气体，从而引发瘟疫。然而，在亚历山大港，刚入夏的时候，尼罗河河水涨满，注入湖泊，从而不会形成释放有毒气体的沼泽。与此同时，季风从北方的海上吹来，亚历山大港的居民得以十分舒适地度过夏天。

亚历山大港的形状像一件军袍，它的两条长边长约三十斯塔德，周围是水；两条短边是地峡，宽约七八斯塔德，一边临海，一边临湖。整个城市的街道纵横交错，供骑兵和战车通行。有两条街道十分宽阔,宽约一希腊引①,相互交叉。城市内还有十分漂亮的公共区域和皇家宫殿。宫殿占据了整个城市近三分之一的面积。每一任国王都喜欢给公共建筑增加装饰,并且出资扩建。有诗人曾经写道:"一座又一座建筑物不断涌现。"所有建筑物都是相互连接的,并且和港口连接在一起。

——斯特拉波《地理学》

二、亚历山大港的博物馆及其他建筑物

博物馆是宫殿的一部分,有内部走道、座椅区域及博物馆学者使用公餐的大厅。这些人共同享有公共财产。博物馆由祭司管理。起初祭司是由国王任命的,现在则由尤利乌斯·恺撒任命。

宫殿还有一部分叫塞麻,里面安葬着历任国王和亚历山大大帝……托勒密一世将亚历山大大帝的遗体运走,安葬在亚历山大港,直到今日仍然在这里。然而,棺材不是同一个了,现在的棺材由雪花石膏制成,而托勒密一世当时使用的棺材是金子打造的……金棺材被托勒密家族绰号为"刻奇的儿子"的人夺走。但这个人随即便遭到了驱逐。这次掠夺对他来说毫无意义。

港口入口的右侧是法洛斯岛和法洛斯灯塔,左侧是

---

① 一希腊引等于一百希腊尺。——原注

礁石和罗彻斯海角，罗彻斯海角上坐落着一座宫殿。入口的左侧有一些内部宫殿，与罗彻斯海角上的宫殿连成一片，里面有许多用壁画装饰的屋子。其下是一个封闭的人造港口，仅供国王使用。人造港口对面是一个叫安提罗兹的小岛，岛上有一座宫殿和一个小港口。它的名字源于与罗得岛的竞争关系。

人造港口之上矗立着一个剧院和波塞冬神殿……然后是恺撒利翁、商场和仓库，之后是一直延伸到海波塔斯塔迪翁大堤的港区。这就是大港口的基本情况了……简而言之，亚历山大港充满了各种公共建筑和神殿。最美丽的公共建筑当数竞技馆，其柱廊比竞技场都长。城市中央是法庭、小树林及潘[①]的避难所——它是一个人造的冷杉果形的土丘，可以沿着一条小路蜿蜒而上，在其顶部可以俯瞰整个城市。

——斯特拉波《地理学》

●解剖学及生理学

解剖学、生理学和外科手术的进步超过了其他任何科学门类。这一领域最杰出的代表同时也是古代世界最出色的医学家，他就是来自卡尔西登的希罗菲卢斯。他能取得如此成就很大程度上要感谢埃及国王托勒密一世批准他可以用罪犯来进行活体

---

① 希腊神话中的牧神。——译者注

解剖。希罗菲卢斯发现了神经的功能，并将其分为感知神经和运动神经。他还发现了人的思维源于大脑。他对了解眼部做出了巨大贡献。希罗菲卢斯的重大发现还包括动脉的功能。之前，人们认为动脉中存储着空气。希罗菲卢斯第一个发现了动脉的真正作用，那就是将血液从心脏运输到身体的各个部位，从而发现了血液的循环。希罗菲卢斯之后，人们开始在诊断疾病时观察脉搏。希罗菲卢斯的一些发现，尤其是在大脑和动脉功能方面的发现，因得不到当时人们的认可而被埋没，直到它们被现代医学再次发现。

一、活体解剖

塞尔索是一位百科全书编纂者，与老普林尼相似，活跃于提比略统治时期。他的作品包含六个部分，即农业、医学、军事科学、修辞、哲学及法学。医学部分现存八卷书，在书的前言中介绍了最早的医学史。

因为许多内部疼痛和疾病都有病因，所以对人体构造不了解的人是无法进行治疗的。因此，通过解剖死者的身体来观察内部的血管和器官是十分有必要的。最擅长解剖的是希罗菲卢斯和爱拉西斯拉特。他们利用国王给他们的囚犯进行活体解剖，从而观察在呼吸停止前人体发生的一切。他们观察各个器官的位置、颜色、形状、大小、排列、软硬程度及触感等。

另外，经验主义学派的人则认为表面的原因才更重要。他们认为探求潜在原因和自然规律是不必要的,毕竟自然是难以理解的。

眼睛瞳孔在的地方是空的,下面有一层薄膜,希罗菲卢斯将其比喻为蜘蛛网,也就是视网膜。

——塞尔索《医学史》

卡尔西德是公元4世纪的一个基督教教徒。他将柏拉图的《蒂迈欧篇》翻译成拉丁语并进行了解读。

那些想要领会自然无穷奥秘的人,会通过解剖人体和器官的方式来探寻人体的构造。因为他们相信,通过亲眼所见加上理性分析而得出的结论比猜想和假设更确切。因此首先要探寻的是眼睛的本质,在这一方面,第一个尝试解剖的是来自克罗顿的阿尔克迈翁,而亚里士多德的学生卡利斯提尼斯及希罗菲卢斯都有许多发现。大脑有两条窄的通路。生命的精气经过通路到达眼窝。精气在额头的内部集中,然后一分为二抵达眼窝处。

——卡尔西德《柏拉图〈蒂迈欧篇〉解读》

公元129年,盖伦生于帕加马,公元199年去世。他是古罗马时期最著名的医学家。他的作品共有二十二卷出版。

从大脑到双眼的感觉神经也被希罗菲卢斯称为"通

路"，因为通过它们，人们能够感知到生命的精气的运作方式。感觉神经产生于人体的不同地方。它们在前进的过程中会相互结合，然后再分开，去往其他地方。

——克劳狄·盖伦《作品集》

二、心脏、动脉、血管及血液循环

有人质疑当动脉中充满血液时，生命的精气将以何种方式从心脏被运送到人体各部分。这个问题其实不难回答，因为生命的精气不是通过动脉运输的，而是通过动脉形成的。生命的精气不仅产生于心脏，而且产生于身体的各个地方。希罗菲卢斯支持这一观点。在他之前，普拉克萨戈拉斯、斐罗提慕斯、狄奥克莱斯、希波克拉底等人都支持这一观点。造成动脉扩张的力量来自心脏。

——克劳狄·盖伦《作品集》

身体的热量主要产生于心脏。心脏不停地跳动着，仿佛是被困在人体内的一个动物。心脏被一层柔软却结实的薄膜覆盖着，受到由肋骨和胸腔组成的壁垒的保护。从心脏中延伸出两条大的血管，进入人体的前半部分和后半部分，然后延伸出一系列的分支，将血液运送到人体各部分……

在四肢的表面更容易观察到脉搏，脉搏的静止，变慢或变快，意味着不同的疾病。然而，因为脉搏的变化过于细微，所以很容易被人忽视。但与此同时，可以通过脉搏的快慢来判断身体的健康情况。

——老普林尼《自然史》

三、麻醉

下面的选文没有提到希罗菲卢斯，但提到"古人"习惯使用曼陀罗草，而希罗菲卢斯和他的同辈人都是出色的活体解剖学家和外科医生，由此我们可以基本断定当时他们已经使用麻醉技术了。

> 古人习惯用曼陀罗草治疗眼疾，但现在已经不这么做了。然而，可以确定的是，曼陀罗草的根，加入玫瑰精油和红酒捣碎，可以治疗眼球脱位和眼部疼痛。事实上，曼陀罗草的汁液是许多眼药的原料之一……
>
> 不是所有国家的曼陀罗草都能产生汁液，并且它们必须在收获期采摘。曼陀罗草能够产生强烈的气味，尤其是根部和果实。果实在成熟后采摘，然后在阴凉处晾干。榨出的汁液要放在阳光下沉淀。通过捣碎或煮沸的方式来提取根部的汁液，然后使用相同的方式进行处理。曼陀罗草的叶片最好放入盐水中，新鲜叶片的汁液十分有害，即便放在盐水中，有害成分也很难被清除。仅是气味就会对人的大脑产生不好的影响，不懂其毒性的人如果过多吸入这种气味，就会昏迷；如果喝下其汁液，则可能产生致命的后果。

注入与患者身体相符的数量后,曼陀罗草的汁液会起到麻醉作用,适中的数量大约是一杯①。当人被毒蛇咬伤时,在对人体进行穿刺之前,也可以使用曼陀罗草的汁液进行镇痛。对有些人来说,仅是气味就能够起到镇痛的作用。

——老普林尼《自然史》

●地理学、天文学及造船学

一、地球的形状及大小

公元前3世纪,古代科学的发展达到了巅峰。亚历山大大帝时期的伟大人物中就包括天赋异禀的埃拉托塞尼。虽然埃拉托塞尼的研究包括各个方面,但他最广为人知的成就当数数学和地理学。

当时,人们早已知道地球是圆的。因此,一直尝试计算地球的周长,而埃拉托塞尼的计算比以往更加准确。他也是第一个提出向西穿过大西洋到达印度的人。

埃拉托塞尼说,赛伊尼和亚历山大位于同一条经线上,赛伊尼位于夏至点上。②因此,夏至时,太阳位于天空的正上方,日晷的指针自然是没有阴影的,因为太阳

---

① 杯是古罗马容量单位,一杯约合十二分之一品脱。——译者注
② 由于古时测量工具的限制,埃拉托塞尼在这里犯了一个错误。实际上,赛伊尼位于回归线以北三十七英里。——原注

完全位于其正上方。在直径三百斯塔德的范围内都是如此。同一时间,在亚历山大,日晷的指针留下了影子,因为亚历山大比赛伊尼更靠北……由此可以知道,赛伊尼到亚历山大的距离是整个地球周长的五十分之一。赛伊尼到亚历山大的距离为五千斯塔德。因此,整个地球的周长约为二十五万斯塔德。

——克莱奥迈德斯《论天体的圆周运动》

二、地球形状和大小的判断依据

下文是地理学家斯特拉波对地球形状和大小的研究,他的作品写于提比略统治时期,而他的素材大多来自亚历山大大帝时期的科学家。

正如我们之前说的,在地理这门学科中,几何学和天文学是不可或缺的。如果没有这两门科学,我们无法正确了解地球的构造,也就是尺度、大小等相关信息。

已经有多位作家证实了地球的大小,我们在此将接受他们的观点。我们还要假设地球是个球体,其表面是弧形的,并且存在向心力。总而言之,我们要证明的是,地球是球形的,因为任何物体,无论距离其中心有多远,都会向其重力中心靠拢。同时,对海洋和天空的观察也是直接的证明。有过航行经历的人都知道海面是凸起的,因为他们看不到与他们双眼在同一水平面上的光,但如果站在更高的地方,就能看见先前看不见的东

西。荷马就曾经写过这一点:

"巨浪把他抬高,于是他能看到更远的地方。"

当航行者接近陆地的时候,海岸逐渐出现在他们的眼前。那些起初看起来低矮的东西,后来逐渐变得高大。日晷就是天体循环的一个证明。我们的常识告诉我们,如果大地的深度是无穷的,那就不会出现天体循环[①]。

在下文中,斯特拉波引用并评论了埃拉托塞尼的观点。

同时,为了证明自己说的从东到西的距离符合自然哲学,埃拉托塞尼说道,根据自然哲学的规律,可供人类居住的陆地从东到西的距离应长于从北到南的距离。温带是最长的温度带,数学家将其称为"首尾相连的大圆"。因此,如果大西洋不存在阻碍,我们就可以从伊伯里亚沿着同一条纬线到达印度,剩下的部分约占整个大圆的三分之一以上。如果大圆经过雅典,按照我已经测量过的从印度到伊比利亚的距离,大圆的周长确实不足二十万斯塔德。

——斯特拉波《地理学》

三、阿利斯塔克的主张

古时最著名的天文学家当数萨摩斯的阿利斯塔克。公元前3

---

① 斯特拉波认为地球是宇宙的中心。——原注

世纪早期，萨摩斯的阿利斯塔克获得了很高的名望。他曾在亚历山大居住了一段时间。他的成就在于计算出了月亮和太阳的大小及两者之间的距离，计算结果比之前都更准确。在《论日月大小和距离》这部作品中，阿利斯塔克仍相信地球是宇宙的中心：

> 月亮的光来自太阳。
> 地球是月亮转动的中心点。
> 太阳与地球的距离是月亮与地球距离的十八倍到二十倍。
> 月亮的直径是我们与月亮中心距离的三十分之一到四十五分之二。
> 太阳直径与地球直径的比例在十九比三到四十三比六之间。
> ——萨摩斯的阿利斯塔克《论日月大小和距离》

四、日心说

发表了上文节选的作品之后，阿利斯塔克开始相信太阳是宇宙的中心，地球和其他行星都绕其转动。这一理论遭到当时天文学家的一致反对，从而渐渐衰落，直到尼古拉·哥白尼再次提出。

根据许多天文学家的定义，世界是指天空的一个范围，其中心恰巧也是地球的中心，其半径等于地球中心到太阳中心的距离。其他天文学家给出的上述"世界"的定义遭到阿利斯塔克的驳斥。根据阿利斯塔克的假设,恒星和太阳都是不动的,但地球绕着太阳做圆周运动,太阳位于运动轨道的中心。

五、天文学对地理学、建筑及城邦建设的价值

希帕恰斯是公元前2世纪后半叶著名的地理学家和天文学家,在地理学和天文学这两个领域都创作了大量作品。

斯特拉波在《地理学》一书中引用了希帕恰斯的作品。

许多人都证明从事地理学需要具备大量的知识。希帕恰斯在他的《反厄拉多塞》中曾经这样写道:"如果不懂天文学及日食和月食,无论是普通人还是学者,都不可能真正精通地理学。例如,如果不观察纬度,人们就不会知道亚历山大港是位于巴比伦的北面还是南面,也不会知道两者之间的距离。而我们想要得知不同地方的经度则要通过日食和月食。"

想要精确地描述一个地方,都需要加入天文和几何数据,从而解释清楚这个地方的大小、与各地的距离、纬度及气候。在盖房子之前,建筑师也需要把这些因素考虑在内,而研究整个地球的人更需要做到这一点,因为这就是属于他的领域。在短距离情况下,向北或向南偏移无关紧要。但如果是整个地球,向北延伸到塞西亚或塞尔特的最远端,向南延伸到埃塞俄比亚的边界,则会产生巨大的差别。如果我们生活在印度或西班牙也是如此,一个在东方,一个在西方,二者是彼此的对应体。

六、希罗二世的船

对莫斯基翁，我们所知甚少。莫斯基翁的工作就是描述各种各样惊奇的事情，是人们通向奇妙世界的文学指引。我们无法辨别他的作品究竟是真实的，还是虚幻的。毫无疑问，莫斯基翁和希罗二世生活在同一时代。在下面的选文中，阿忒纳乌斯引用了莫斯基翁的作品。选文描述了建造当时最豪华的船时使用的机械手段。

锡拉库萨僭主希罗二世出资建造的船，由几何学家阿基米德主持修建。我最近认真拜读了一个叫莫斯基翁的人对此船的描述。

莫斯基翁这样写道：阿布戴拉公民狄奥克雷德对德米特里用来攻打罗得岛的破弩车称赞不已。提麦奥斯对锡拉库萨僭主狄奥尼修斯搞的用于火化的柴堆也高度赞扬。耶罗尼米斯对装载着亚历山大大帝的躯体一同进入坟墓的四马战车大加赞赏。波利克里托斯也十分欣赏为波斯国王制作的烛台。但罗马人的朋友希罗二世十分注重装饰神殿和竞技馆，同时十分热衷于造船。希罗二世造了许多艘运粮船。我将介绍其中一艘运粮船的建造过程。希罗二世命人在埃特纳山砍伐了足够建造六十艘三列桨战船的木材。然后，他又准备了建造船内外两侧用的钉子和木板及用于其他方面的木材。这些原材料有些来自意大利，有些来自西西里。他准备了西班牙的绳索及来自各地的各种有用的东西。他还召集了造船工人和其他工匠，并且任命来自科林斯的阿奇亚斯担任他们的主管。作为总建筑师，希罗二世要求所有人都投入十足的热诚与认真。他自己也花费了大量的时间亲自查看工程的进展状况。

就这样，六个月之后，工程完成了一半。船体的任何一部分一旦完工，就马上用铅板包裹。加工木料的工人有三百人之多，还不算辅助他们的熟练工。已完成的部分将被放入水中，在水中做最后的收尾工作。阿基米德借助一个螺旋状物，仅靠几个人的帮助就顺利使已完成的部分入水。船体剩余的部分也在六个多月的时间里完工，并且用黄铜钉进行加固。希罗二世完成船的外部构造后，开始进行内部的施工。

船上共有三个入口，最低的口通向货仓，中间的口通向房间，第三个口供武装人员使用。中间入口的两侧都是供人休息的房间，共有三十个，每间屋子有四张床。水手的房间共有三间，每间三张床。厨房位于船的尾部，所有房间的地上都镶嵌着马赛克的石板，组成了《伊利亚特》的故事。船上的家具、门和天花板都制作精良。船的最高层是竞技馆，各种设备与整条船相得益彰。还有一个美丽的花园，种满了各种各样的植物。屋顶上贴满瓷砖以遮蔽阳光。花园旁边还有一座阿佛洛狄忒神殿，地板由玛瑙和各种各样的漂亮石头镶嵌而成。神殿中摆放着精美的画和雕像，以及各种形状的高脚杯和花瓶。

●历史批评

下文选用了梅格洛波利斯的波利比阿的作品,波利比阿对历史的记载充斥着科学精神。公元前201年,波利比阿出生,他逝于公元前120年。他的父亲吕科塔斯是亚该亚同盟的领袖。在很小的时候,波利比阿便参军了。后来,波利比阿成为一名能力超群的将军和外交家。马其顿国王珀尔修斯被罗马人打败之后,波利比阿和一千名亚该亚人被当作人质带到罗马。当时,罗马人将他视为敌人,但他与罗马的几个重要家族结交,后来成为罗马人和罗马制度的崇拜者。波利比阿对罗马的偏爱也成了他作品中的一个缺陷。

波利比阿花费多年时间创作《通史》这部伟大作品,有证据证明在创作期间其观点发生过改变。他的巨作共包含四十册书,流传至今的只有一小部分。研究波利比阿首先要注意他的历史研究方法。他对历史的科学研究十分完善,直到现代也几乎无须补充和更改。波利比阿仿佛将我们带到他的工作室,向我们展示他的研究过程。这就是他的价值所在。

波利比阿试图解释罗马如何对几乎整个世界确定霸权,涵盖的时间从公元前220年一直到公元前168年,共五十三年。作品始于罗马人与汉尼拔交战前夕。这时,希腊的社会战争[①]即将爆发,整个世界正在趋向统一。他的叙述终止于公元前146

[①] 公元前219年到公元前217年,腓力五世统治的马其顿王国同埃托利亚同盟之间的战争。——译者注

年迦太基灭亡。

在波利比阿看来，历史编纂学有三个主要的元素。第一个元素是对文献的研究。波利比阿对此做了大量工作，但他认为这是最不重要的元素。第二个元素是通过个人观察等方法了解的自然地理学和政治地理学的知识。波利比阿曾经到过许多地方，历经千辛万苦才获得了创作需要的各种地理知识。尽管如此，他还是犯下了一些惊人的错误。他曾经说过，一个历史学家应该对研究的国家有足够的认识。在这个方面，他认为许多人做得不够。第三个元素是通过亲身经历获得的政治知识和军事知识。这三个元素都是建立事实的手段，而建立事实是历史的根本。为了达到这一目标，波利比阿不仅努力使自己的作品真实可信，还会帮助其他犯下错误的作家："我不会把别人的错误当作我自己的胜利，而是会竭尽所能确保正确。我不仅对自己是这样要求的，还会帮助其他历史学家。这样一来，整个世界才能获益。"

受到波利比阿过多批评的历史学家提麦奥斯来自西西里的陶洛米尼乌姆，他的《历史：西西里篇与意大利篇》一书讲述了从神话时期到公元前289年阿加索克利斯去世这段时间的故事。后来，提麦奥斯又进行了续写，一直写到公元前272年。

一、提麦奥斯的一些错误

因为提麦奥斯总是严厉地批评他人的错误，所以我无法容忍他自己犯下的错误。他曾经批判狄奥庞帕斯，说狄奥庞帕斯关于锡拉库萨僭主狄奥尼修斯乘坐商船从西西里前往科林斯的言论是错误的,狄奥尼修斯实际乘坐的应该是战船。他还批判埃福罗斯的"狄奥尼修斯二十三岁即位,六十三岁驾崩,共统治了四十二年"的言论是自相矛盾的。我认为,没有人会将这个错误归结到历史学家的身上。显然,这是抄写员的错误。不然就是埃福罗斯比科勒布斯和马尔吉特斯[①]更加愚蠢,算不清二十三加上四十二应该等于六十五。鉴于埃福罗斯根本不是这样的人,那一定是抄写员的失误。因此,提麦奥斯对埃福罗斯的妄加指责是不能被人们接受的。

在描述皮洛士的历史时,提麦奥斯曾经说道,为了铭记特洛伊被攻陷的历史,罗马人会在特定的日子里射杀战马,因为特洛伊就是因"木马"而被攻陷的。其实,这种说法是十分幼稚的。按照提麦奥斯的说法,所有非希腊国家的人恐怕都是特洛伊人的后代,因为他们中绝大部分人在即将开战前都会杀一匹马献祭。提麦奥斯这种毫无根据的演绎,在我看来,不仅是因为他知识缺乏,而且因为他滥用知识。

从以上例子我们可以推断,提麦奥斯对利比亚、撒丁岛及整个意大利的言论是不可信的。他完全忽略了历史考证中最重要的元素,那就是对其他人的询问。不同的历史事件发生在不同的地方,同一个人不可能同时出

[①] 科勒布斯和马尔吉特斯是希腊文学中"愚蠢"的代言人,后者出自荷马的讽刺史诗。——原注

现在这些不同的地方,也不可能亲眼看遍全世界的各种事物,唯一能做的就是尽可能多地询问他人,对他们的说辞进行理性批判,并且相信那些值得相信的人。

尽管提麦奥斯在这方面做了一定的工作,但在我看来远远没有接近真相。他既没有借助其他人对事实做出正确的调查,对自己亲身经历的事件或亲自探访的地方也没有做出有价值的论断。如果我们可以证明,提麦奥斯对自己长大的家乡——西西里的言论都是错误的,那么我们基本也不需要其他证据来证明他的愚昧无知了。

——波利比阿《通史》

二、提麦奥斯对时间顺序和考古的研究

提麦奥斯将从早期开始的斯巴达监察官的名单与国王的名单进行比较,将雅典的执政官的名单、阿尔戈斯的女祭司的名单与奥林匹克获胜者的名单进行比较,并且以此确定哪些城邦的记录发生了错误,因为它们之间有三个月的误差!提麦奥斯还发现了神殿中的石碑和神殿石柱上关于主客关系的记载。像提麦奥斯这样的人不会错过任何与此有关的事物,也不会隐藏自己发现的任何事情。如果他所说之事不是事实,他不祈求别人的原谅。作为一个强硬的批评家,他知道自己受到的攻击一定会同样猛烈。

——波利比阿《通史》

三、真实性是历史的首要价值

提麦奥斯曾经说,历史最大的错误就是缺少真理。因此,他建议那些他认为在作品中写下错误言论的作家为自己的书起一个其他名字,叫什么都不能叫历史……

打个比方,木工的折尺可能对别人来说太短太窄,但它仍有尺子的基本特征,那就是直,人们仍然可以说它是一把尺子。但如果不直,那肯定就不能被称为尺子。"同样,"提麦奥斯说,"历史作品可以在风格等细节上不足,但要以事实为依据,如果偏离了事实,那就不能被称为历史。"我十分同意在此类写作中真实应该是首要考虑。我曾经在作品中写道:"对一个生命体来说,如果没有了眼睛,那么一切都是虚无的。如果你从历史中拿走真实,那么剩下的就是闲谈了。"我还曾说过:"假话分为两种,一种是无意识的,一种是故意的。前者可以被原谅,后者必须遭到猛烈抨击。"

——波利比阿《通史》

四、历史学家对实践经验的需求

真正的历史学有以下三个方面的内容:第一,对获得的资料进行整理和编排;第二,地形学、城市及聚居地的外观,对河流及港口的描述,不同的海和国家的特征,以及彼此之间的相对距离;第三,政事。在做这些工作时，许多作家没有任何原则，而是欺诈、鲁莽、不择手段。他们的目的是获得大众的喜爱，并且通过各种方法来丰富自我。

有一些充满理性、能够接近历史真相的作家就好比只懂理论的医生。他们所有时间都待在图书馆，获得了几乎所有能从书中得到的知识，然后进行自我说服，认为他们有能力从事这项工作……然而，在我看来，他们并不是完全有资格的。查阅古籍，弄清古人对某些地方、政策、事件的理解是有用的，因为过去会塑造我们对未来的认知。但如果像提麦奥斯那样认为仅拥有这一种能力就足够了，那简直愚蠢至极，这就好比有人认为仅通过观察大师的作品就能成为一个出色的画家或艺术家一样。

例如，一个人如果没有当过兵，就不可能写好一场战争；一个人如果没有经历过政治的种种变迁，就无法写好政治。如果让只会读书的人来写历史，没有技术性知识，没有各种细节，那他的作品将失去所有价值。如果历史失去实践的指导，剩下的既不吸引人，也无法教导人。至于地形学，在没有个人知识的情况下想要进行详尽描述，就一定会忽略许多重要的信息，在不重要的地方却多加赘述。提麦奥斯在这方面做得就不够……

提麦奥斯在第三十四册书中写道："作为一个异邦人，我在雅典生活了五十年的时间，没有服兵役，也没有到各地实地探寻。"因此，他的历史反映了他在许多方面的无知和错误。他就算曾经接近了现实，也是如同照着动物模型画动物的画家。这些画家有时能够画出正确的轮廓，但缺少真实动物生动的一面。真实动物才是绘画的真正魅力所在。提麦奥斯是这样，实际上，所有只进行书本学习的人都是这样。他们对事件的展现没有任何生动可言，因为生动属于那些有过亲身经历的作家。没有这种亲身经历的人无法激发读者心中真正的热情。过去的历史学家在写作中很注重这一点，当写作主题与政治相关时，他们会告诉读者自己曾经参与政事，有过相关经历；如果是军事主题，那他就当过兵，打过仗；如果描写的是日常生活，那他自己一定已婚并且有孩子。一个人不可能经历所有事情，但最重要、最常见的事情必须是他熟悉的。

荷马便是最有说服力的例子。他时常展现出自己在不同领域的个人知识。毕竟，研究文献只是历史学家要做的三项工作之一，并且是最不重要的那项工作。

——波利比阿《通史》